ゼロから始める

無敵のレポート・論文術

尾崎俊介

講談社現代新書

2769

はじめに

「卒論って、どうやって書くの？」

「先生……あの……卒論って、どうやって書けばいいんですか？」

アメリカ文学・文化の専門家として大学で卒業論文指導に携《たずさ》わるようになって30年以上になりますが、私のゼミに入ってきた多くの学生たちの口から最初に飛び出すのがこの台詞です。

「卒論＝4年間の学修の総まとめ」というような気負いがあるせいかもしれません。あるいは単に「長い文章を書いたことがない」という理由かもしれない。いずれにせよ学生生活最後の難関を前にした彼ら／彼女らにとって、卒論を書くということはすごく大きな試練というか、目の前に立ちはだかる壁なんですね。

その壁に行く手を阻まれて途方に暮れているうちに、学生たちは卒論に対するアレルギー反応を募らせていきます。もう「卒論」という二文字を目にしただけで、あるいは耳にしただけで、一目散に逃げ出したくなる衝動に駆られるようになる。

私の大学での教員生活は、ある意味、この途方に暮れた学生たちの不安を取り除き、彼ら／彼女らそれぞれにふさわしい卒論テーマを一緒になって考え、資料探しや章立ての仕方、論旨の構成法、結論の導き方、そして注や文献目録の作り方に至るまで――要するに最初から最後まで――、彼ら／彼女らの「卒論作成の旅」の導き手となることに費やされてきたといっても過言ではありません。

しかし、これだけ長く卒論指導をしていると、少しずつですが、「指導のキモ」みたいなものがわかってきたところがあります。「なるほど、卒論作成に取り組んでいる学生はここでつまずくのか！」というポイントもわかってきましたし、つまずいた学生を救い出すためにはどういうアドバイスをすればいいのかもおおよそ摑《つか》めてきた。

一瞬で解決！　論文書き出しのノウハウ

一つ、例を挙げてみましょう。

卒論指導をしていて最もやっかいなのは「書き出し」です。そう、最初の一行。この最初の一行を指導学生に書き出させるのは、まさに至難の業《わざ》。

テーマも決まり、資料も集め、細工は流々《りゅうりゅう》なんですから、あとは書き出せばいいじゃないかと思うのは教員側の都合のいい思い込みで、こういうとき、駆け出しの頃の私がやっていたように「ほら書け、さっさと書け、いついつまでに書け」とけしかけても、これは通用しない。学生側の言い分からすれば、「できないものはできない」んですね。

ではどうすればいいか？

実はこれにはとっておきの対処法があります。

「自分が書こうとしていることを、人に話してみなさい」とアドバイスするんです。ここで重要なのは、書くのではなく、人に話すというところ。

人は普通、起承転結のある話しか口にできません。別に起承転結をつけようと思っているわけではなくても、ひとりでにそうなってしまうんです。

たとえば「昨日、どこそこに行ったら偶然高校時代の同級生を見かけて、10分ほど立ち話をしたのだけど、その子は今、どこそこの大学に行っていて、こういう方面のことを勉強し、それを役立てるためにこういう会社に就職しようとしているんだって。それを聞いて、私も頑張らなくちゃと思っちゃった」と、ただこれだけの話の中にもちゃんと起承転結がある（でしょ？）。ことほどさように人間というのは、誰かに何かを話そうとすると、自動的に起承転結をつけるものなんです。

だったらこの人間特有の性質／能力を卒論作成に活かせばいい。自分が今何を調べているのか、なぜそれを調べようと思ったのか、どういうふうに調べたのか、その結果どういうことがわかったのか――こうしたことを人（友人でも親でも、あるいは空想上の人物にでも）に話してみる。そうすると、どこから話し始めるべきかは、たちどころにわかります。自分が調べていることを人に伝えるとしたらまずはここから話すべきだな、という勘所《かんどころ》は誰にでもすぐにわかる。

それです。その「ここから話すべき一節」こそが、卒論の最初の一行です。とまあ、このようなアドバイスをすると、ほとんどの学生がすんなりと卒論を書き出すようになります。あれほど苦労していた「最初の一行」がいとも簡単に、スラスラと出てくるんですね。

これこれ！　これが卒論の最初の一行を学生に書き出させるための決定的なノウハウです。

30年以上にわたって卒論指導をしている間に、この種のノウハウが少しずつではありますが私の手元にたまってきました。ならばここで一つ、そのノウハウをまとめてみようではないか？　そう思い立ったのが本書の執筆動機で、その結果、完成したのがコレ。何しろ長年の経験の中で積み上げた実効性のあるノウハウ集ですから、卒論作成に悩んでいる多くの学生さんたちにとって、かなり役に立つツールになるのではないかと思います。

ただ本書のテーマを卒論に限定してしまうと、その分、読者層も限られることになります。それに、そもそも卒論を作成するノウハウは、卒論以外の学術論文（修士論文・博士論文、その他）はもとより、いかなる種類のレポート作成にも通用するところがある。

そこでちょっと大風呂敷を広げるようではありますが、本書は卒論に限らず、論文やレポートに類するもの全般の書き方指南の本というふうにしてみました。実際、本書は、これから卒論・修論・博論を書こうという人の役に立つのみならず、日々の宿題としてレポートを課せられている大学生のみなさんや、仕事で長文の報告書の提出を求められている一般社会人のみなさんの参考になるようなものになっていると自負しています。

「アメリカ文化論」としての側面

しかし、本書を通読していただくとわかると思いますが、この本は文系（特に文化論系）の論文・レポートの書き方を指南することだけを目指しているわけではありません。

私がこの本を書くにあたって終始一貫心がけたのは、これまで私が指導してきた学生（＝ゼミ生）たちの卒論をできるだけたくさん紹介することによって、アメリカ文化をテーマに論文を書くとは実際にはどういうことかを、読者のみなさんに知ってもらうことでした。つまり実例を使って文化研究のおもしろさを、あるいはアメリカという国のおもしろさを、伝えようというわけ。

私のゼミ生たちは（誰に似たのか）揃いも揃って物好きばかりですから、アメリカ文化の中でもとりわけヘンテコリンな側面に目をつけます。彼らの卒論テーマを聞いたら、多くの方は「そんなことを調べて、ちゃんとした論文になるの？」と驚かれるかもしれません。しかし、実際、彼らはそのヘンテコリンなことを調べ上げ、アメリカという国の核心を捉えるような卒論に仕上げています。そういうヘンテコリンな文化研究を成立させる懐《ふところ》の深さこそが、アメリカのアメリカたる所以《ゆえん》でもあるのです。

ですから、論文・レポート作成のノウハウを身につけようとする前に、まずは文化研究をすることの楽しさ、そしてアメリカというユニークな国のおもしろさを感じ取ってみてください。その楽しさ／おもしろさがわかってくれれば、自《おの》ずと「自分も何か興味をそそるテーマを設定し、それについて論文・レポートを書いてみたい！」という気になるはず。そういう気持ちになってはじめて、ノウハウについて書いた部分もおもしろく読めるのではないかと思うのです。

本書の構成

以上のようなことを踏まえ、ここで本書の章立てについて述べておきましょう。

まず第1章及び第2章では論文・レポートの作成の要《かなめ》となる「テーマ選び」について学びます。論文・レポートのテーマは、大まかに分類して「論争型」と「伝記型」の2種に分かれますので、そのどちらでいくかを決めることが重要。そのあたりのことも含め、丁寧に説明していきます。

第3章では、「資料の集め方」について述べます。資料がなければ論文・レポートは書けません。ではその資料はどこで、どうやって集めればいいのか。本章を読んで、資料集めの達人になってください。

また論文・レポートを作成するときには、実際に文章を書き出す前に、「持ちネタ」を仕込んでおく必要があります。その論文・レポートで、自分は何を書こうとしているのか。どんな主題を取り上げ、どんな話題に触れるのか。どんなデータを駆使し、そこからどのような方向に論を引っ張っていくつもりなのか。「持ちネタ」とは、論者が常に手元に置き、折りに触れて参照すべき心づもりの集積のようなものだと考えればいいでしょう。第4章では、そんな「持ちネタ」の準備の仕方を教えます。

続く第5章では、優れた論文・レポートとはどういうものかを定義します。調べたこと、分かったことを書き並べれば論文・レポートになると思っている人も多いと思いますが、論文やレポートの価値は事実や発見の羅列にあるのではありません。論文やレポートは、何よりもまず「知的エンターテインメント」でなければならない。では論文やレポートが知的エンターテインメントであるためには何が必要なのか。本章ではその必要条件である「笑いどころ」と「突っ込みどころ」という二つの観点について学んでいきます。

第6章では、先にもちょっとだけご紹介した論文・レポートの「書き出し」について指南します。何事であれ、第一歩を踏み出すのは勇気のいること。論文・レポートを書き慣れていない人の中には、この一歩が踏み出せなくて困っている人も多いことでしょう。そこで本章ではこの難関をどうやって跨《また》ぎ越すか、そのコツを伝授します。

第7章では論文・レポートの「構成」について述べていきます。論文・レポートというのは序章・本論・結論・注・文献目録の諸項目から成り立っており、その各パーツにはふさわしい比率というものがあります。そのあたり、最も適切な分量比率をお伝えして、参考に付《ふ》したいと思います。

第8章は「べからず集」と名づけました。この章では、論文・レポートを作成するにあたって、これだけはやってはいけないという禁忌《きんき》事項を紹介していきます。論文・レポートの評価項目のうち、マイナス要因となる危険性のあるものをあらかじめ除去してしまおうというわけ。これを知っておくだけで、あなたの論文・レポートの評価が爆上がりすること間違いなし！

第9章では「注」と「文献目録」の作り方を学びます。論文・レポートには注と文献目録が必ずつきます。逆にこれらがついていないものは論文・レポートとは呼べません。それほど重要なパーツなんですね。その一方、自転車の乗り方と同じで、こういうものは一度やり方を覚えてしまえば、将来、どんな論文・レポートを書くことになろうと、困ることがなくなります。ですから本章で正しい注と文献目録の作り方をしっかり、完璧に学んでしまいましょう。

なお、それぞれの章の終わりには、「コーヒーブレイク」と称して、私のゼミ生たちが実際に書いたおもしろい卒論の内容を紹介するコーナーが設けてあります。各章で学んだことをより良く理解するための実践例として、楽しみながら読んでいただければと思います。

「補講」の意味

右にご紹介してきた9つの章で、本書の本体部分については完結します。

が！　本書には巻末にもう1章つけ加わっています。それが「第10章（補講）　アメリカ文学の論じ方」。

今でこそアメリカ文化も研究対象の射程に入れていますが、本来、私の専門はアメリカ文学を研究すること。ただ、最近では大学で文学を学ぶ学生が少なくなり、私の所属大学でも文学作品を論じる卒論を書く学生はほとんどいなくなってしまいました。本書の中で文化論の一ジャンルである文学論に触れなかったのは、それに対する需要がないのを踏まえてのこと。事実、今、日本で文学の論じ方を直接指南する本はほとんど存在しません。

しかし、日本全国を見渡せば、文学に興味を持つ学生さんもまだ少しはいるでしょうし、社会人の中にだって小説を読んだり論じたりするのが好きという方がおられないとも限らない。ひょっとするとその方たちは、文学を論じる具体的な方法がわからず、困り果てておられるかもしれません。ならば論文・レポート作成指南書である本書に、「(アメリカ)文学の論じ方」を指南する章があってもおかしくはないのではないか?

……というささか身勝手な解釈の下、文学論の何たるかを講じる章をつけ加えさせていただいた次第。ひと口に文学論といっても、その論じ方によって「新批評的アプローチ」と「新歴史主義的アプローチ」の2種があり、両アプローチの間にはかなり大きな方向性の違いがあります。そこで本章の中では新批評的アプローチについて解説し、後続する「コーヒーブレイク」の中では新歴史主義的アプローチの一例として私自身が書いた文学論を載せておきました。文学論とは具体的にどういうものかを知ると同時に、本書の著者である私の論文センスがどのようなものかを知る方途《ほうと》としてお楽しみいただければ幸いです。

さあ、前置きはこのくらいにして、さっそく始めていきましょう。本書を読み終わる頃には、読者のみなさんの心の内に「わたしにも論文・レポートが書けそう！／書いてみたい！」という気がふつふつと湧《わ》いてくることを祈念しつつ。

目次

第1章　テーマを選ぶ（その1）

テーマ決め

文系の論文を書くにあたって、テーマ決めは、ある意味、最重要ポイントです。論文を書く作業が楽しくなるかどうか、また最終的に良い論文が仕上がるかどうかは、すべてこの一点にかかっているといっても過言ではありません。ですから、論文のテーマを決める際には、細心の注意が必要です。

……と私が口を酸っぱくして警告するせいかどうか、私のゼミ生たちの多くが苦戦するのもまたテーマ決めです。彼らとしても論文を、それも卒論を書くという人生の一大イベントを前にして、とにかく自分なりに最善のものを作り上げたいという思いがある。それだけに、何について書くのが自分にとって一番良いのかを決めることに臆病《おくびょう》になってしまうのでしょう。「もしテーマ決めに失敗したらどうしよう……」、そう思うことが余計、最初の一歩を踏み出す勇気を失わせてしまうのかもしれません。

しかし、テーマを決める際の心得は、実は一つしかありません。それは何かと申しますと……

自分にとって興味のあることについて書く

これです。そして、これ以外ないです。

論文というのは、どのような種類のものであれ、それを書く前段階として相当長い時間をかけてコツコツと調べものをしなければならないのですから、うっかり自分の興味から外れたテーマを選んでしまったりすると大変。「論文、書かなくちゃ……」と思うだけで苦痛を感じるようになってしまいます。それだけに、テーマを決める際には「自分はこのテーマに本当に興味が持てるだろうか？」と繰り返し自問することが重要です。間違っても、「人からすすめられて……」といった安易な決め方をしてはいけません。あくまで自分本位に決めてください。

恋愛と同じですね、などといってみたりして。

テーマ決めは、己を知る手がかり

とはいえ、自分にとって最も興味のあることは何かを知ることが非常に難しいのも事実。私自身の例を挙げてみましょうか。

私は大学・大学院でアメリカ文学について学び、大学の教員になってからもずっとオーソドックスな手法でアメリカ文学の研究をしてきました。自分ではそれが自分にとって一番合っている仕事だと思いつつ。

しかし、ある偶然からアメリカの出版ビジネスについて調べる必要が生じ、しばし文学の勉強を離れてアメリカの出版事情について勉強し始めたところ、これが実におもしろかった。自分の興味・関心というか、性《しょう》に合うテーマだったんですね。だから研究していても楽しくて仕方がない。

そういうことがあってから、「自分は子どもの頃から出版なるものに興味があった」ということを思い出したんです。そういえば小学生の頃、自分で漫画雑誌を作ってそれを同じクラスの友人たちに回覧し、得意になっていたことがあったっけ。考えてみれば自分は子どもの頃から本を出すことに強い関心があったんだ！

以後、私はアメリカ文学そのものを論じるというよりは、それを「出版文化」という文脈の中に置いたうえで、文化論的なスタンスを取り入れながら論じるようになりました。

これこそが自分のやりたかったことだ！　という確信を抱きながら。

このようにして「本当に自分のやりたいこと」を見つけたとき、私はすでに30代半ばを超えていました。

つまりですね、自分にとって何が最大の関心事《かんしんじ》か、ということは、誰にとってもそう簡単にわかることではないんですね。

しかし、そうはいっても論文執筆という課題を課せられている以上、それは目の前に迫った現実であるわけですから、現時点で自分にとって一番興味の持てることは何かを決めなくてはなりません。では、どうすればいいのか。

とりあえずは「小さい頃から今に至るまで、自分は何をしているときが一番楽しいか」ということを自問自答してください。「スポーツをしているときが一番楽しい」なら、「スポーツ」があなたに一番向いている論文テーマかもしれません。「音楽サークルでの活動が楽しくて仕方がない」のなら「音楽」にまつわるテーマを、「食べることが好き！」なら「食事」にまつわるテーマを検討してみてもいい。

また、大学で受講した各種授業の中で、さまざまなレポートを書かされた経験があると思いますが、その中で一番興味をもって取り組めたのは何についてのものだったかを思い出すのもいいかもしれません。たとえば「アメリカ史の授業で公民権運動についてレポートを書かされたけれど、あのときはけっこう気合の入ったレポートが書けたな……」というような記憶があるのであれば、それをさらに発展させて、論文のレベルまで引き上げていく手もある。

いずれにせよ、自分にとって一番興味のあることは何かを考えることは、自分が何者であるかを考えることに他ならないわけですから、そのこと自体、あなたの人生にとって決して無駄になることではありません。実際、卒論でアメリカの有名な探偵会社である「ピンカートン探偵社」のことを調べた私のゼミ生が、卒業後、一時的にではありますが、本物の探偵になってしまったという例もありますから、論文のテーマ選びというのは、自分の適職を見出すきっかけになるとさえいえるでしょう。

論文作成という課題を契機として、ここは一つ、己を知ることにチャレンジしてみようではありませんか。

論文の二つの型

ところで、論文のテーマを決めることには、もう一つ、「どういうタイプの論文を書くか」という側面も関わってきます。ここではそのことについて触れておきましょう。

大まかな話をしますと、文系／文化論系の論文には二つのタイプがあります。**「論争型」**と**「伝記型」**です。

本章では、まず論争型論文について説明します。

これは私がこれまで生きてきた中で得た実感の一つなのですが、およそ天の下のことにはたいてい、表と裏の二面があり、その二面のどちらにもそれなりの正当性がある、というところがあります。もっと簡単にいえば、どんな話題にせよ、それぞれ相応の説得力を持った賛否両論が成り立つものだ、ということですね。

論争型論文

目標：特定の国で生じた賛否両論のある問題を論文のテーマに据え、その論争史をたどることで、その国の文化的特性を明らかにしつつ、最終的に論者の見解を述べる。

利点：対立する双方の論点が明確なので、スリルのある論文となる。またどちらの論点を支持するかによって、論者自身の意見を述べやすい。

例：
「ロック・ミュージックにおける検閲制度の是非」
「アメリカにおける銃規制問題について」
「アメリカにおける尊厳死制度について」
「アメリカにおける代理母出産について」
「アファーマティヴ・アクションと逆差別問題」

伝記型論文

目標：特定の国の文化に関連の深い人物・事物について、伝記的な事実を掘り起こしながら、そうした人物・事物を生み出した当該国の文化的特性を明らかにする。

利点：論者にとって興味のあることを調べることになるので、深掘りすればするほど執筆作業が楽しくなる。

例：
「ブロードウェイ・ミュージカルの歴史」
「ボーイ・スカウト運動の発展史」
「アメリカにおける女子教育の変遷」
「保安官制度から見るアメリカ警察組織」
「ラルフ・ネーダーと消費者運動」
「アメリカ社会におけるバービー人形の役割」

たとえば、この本を書いている私はかなり真面目な人間でありまして、それは間違いなく私の長所だと思います。しかし、真面目な人間であるがゆえに損をすることもたくさんある。一部の人たちは、私のことを「真面目なばかりで、付き合いが悪い。つまらん奴だ」と思っているでしょうし、自分でもそう思うことがあります。実際、真面目であるために、豪放なことができない。人の目を気にするあまり、自分の思うような生き方ができないところもある。つまり真面目であることは、私にとって大きな短所でもあるわけです。

とすると、一般論として真面目であることは長所であるともいえるし、また短所であるともいえることになる。同じことに対して、二つの正反対の評価を下すことができて、しかもその両方とも、ある意味では当たっているということです。

ことほどさように、世の中のことにはたいてい賛否両論があり、そのそれぞれの言い分にまっとうな根拠があることが多いんですね。だからこそ、双方の立場から論争をすることができる。

「論争型論文」とその利点

ですから、そういう賛否両論のある話題を論文のテーマに据え、その論争の歴史をたどっていく、というのはとても賢い論文の書き方なんです。

私が実際に指導した卒論の中では、「ロック・ミュージックにおける検閲制度の是非」「製品開発における動物実験の倫理性について」「アメリカにおける銃規制問題について」などが論争型論文の代表的な例といえるでしょう。またごく最近でも「アメリカにおける尊厳死制度について」とか、「アメリカにおける代理母出産について」といった、人間の生死に関わるデリケートな問題を卒論で取り上げたゼミ生がいました。

今、挙げた諸例についてもう少し詳しく説明しておきますと、たとえば「ロック・ミュージックにおける検閲制度の是非」という卒論は、「検閲」という賛否両論のある問題に切り込んだものでした。

検閲とは国家などの公権力が、表現者（作家、ジャーナリスト、アーティストなど）の使った言葉を精査し、不適切と判断した場合にそれを取り締まることをいいます。たしかに不適切な表現というのは存在するのであって、それを野放しにするのは良くない。検閲することが妥当なケースも多々あるでしょう。しかし、時の権力者が己の権力を笠に着て、自分が気に入らない、もしくは自分に都合の悪い言論を恣意《しい》的に取り締まり始めたら、それは言論統制であって、言論の自由を侵す行為となる。つまり検閲という行為は、一歩間違えれば権力者による言論統制に陥る危険性を孕《はら》んでいるわけですね。では1980年代のアメリカにおいて、時の上院議員アル・ゴアの妻（ティッパー・ゴア）が、個人的に「下品だと思う」という理由で、人気ロック・ミュージシャンたちの曲の歌詞を取り締まる公的な制度を作ってしまったとしたら、これは検閲なのか言論統制なのか……。私のゼミ生は、彼がこよなく愛する1980年代のアメリカン・ロックがこの検閲問題に引っ掛かり、表現の自由を一部奪われてしまった事例を取り上げ、賛否両論それぞれの立場を検討しつつ、その是非を論じる優れた論文に仕上げたのでした。

同様に「アメリカにおける尊厳死制度について」という卒論を書いたゼミ生は、人間誰しもいずれは直面せざるを得ない終末医療の問題を取り上げ、患者本人の意思を尊重して尊厳死を認めるべきか、それともあくまで医療の原則に則《のっと》り、可能なかぎり患者の生命を維持すべきかという、それこそ賛否両論渦巻く大問題を論じましたし、「アメリカにおける代理母出産について」という卒論を書いたゼミ生は、現代の医学が可能にした代理母出産を認めるか認めないかという、世界中の不妊に悩む夫婦にとって非常に大きな問題を論じました。どちらの問題にしても「認めるべきだ」という立場もあり、「絶対に認めてはならない」という立場もあり、どちらの立場をとっても説得力のある論じ方ができる。私のゼミ生たちは、これらの問題がアメリカでどのように論じられ、今、どちらの立場が優勢なのか、またその論じられ方・扱われ方は、他の国々における場合と同じなのか、違うのか、違うのであればどう違うのか、そういうことを調べ上げていく中で、その論争の中に垣間《かいま》見えるアメリカ的なものの考え方を明らかにしていったのです。

論争型論文の良いところは、論点を明確にしやすく、またその中で自分の意見、自分の立場を表明しやすいということ、つまり研究論文になりやすいということですね。「今、ここにこういう社会問題がある。それに対して『A』のような意見を持っている人たちがおり、その一方で『B』のような意見を持つ人たちもいる。それぞれの根拠はコレコレこういうことである。これに対し、私自身は『A』の意見に与《くみ》する。なぜならば、コレコレこういう事情があるからだ。よって私の見解としては、『B』の意見を一部採り入れつつも、概ね『A』の意見を持つ人々が主張する道をとるべきだと思う」というふうな形でまとめると、論文はスッキリした形になりますし、論者の意見や立場も明確に示すことができます。ですから、論文を書くのが苦手な人ほど、論争型の論文が書けるような賛否両論のあるテーマを選ぶといいかもしれません。

ちなみに尊厳死について調べた学生は、このテーマを選ぶ直前に近しい親戚の方を亡くしていて、人間の死とか終末医療という問題に敏感になっていましたし、代理母出産をテーマに選んだ学生もまた個人的な理由で不妊治療の問題に強い関心を持っていたこともあって、この二つの論文はどちらも内容の濃いものとなりました。論文の体裁《ていさい》が整いやすい論争型のテーマ設定をするにせよ、やはり当該のテーマにどれだけ強い関心があるかということが、その論文の出来の善し悪しを決めるといえそうです。

悪いテーマ設定の例

このように見ていくと、論争型論文というのは、現代社会の在《あ》りようを分析するのに非常に都合のいいタイプの論文で、テーマ設定もしやすいように見えます。また、二つの論点のどちらかに加担する形で、論者自らの意見も主張しやすいという利点もあります。

しかし、そうはいってもこのタイプの論文を書く際に、なるべくなら避けたほうが無難なテーマが二つあります。最後にこの2点について触れておきましょう。

まず「避けるべきテーマ・その１」として、あまりにもホットな社会問題は取り上げないほうがいい、ということがあります。今現在、まさに世論を二分しているような新しい問題を取り上げてしまうと、資料の入手や、資料の扱い方が難しくなってしまうからです。

この種のテーマを選んでしまうと、たとえば新聞記事や雑誌記事など、近視眼的な資料が山のように出てきてしまって、その取捨選択にものすごく悩まされる一方、まとまった形の書籍資料（＝先行研究）がほとんどないということがしばしば起こります。もちろん、それでも敢《あ》えてそういう現代的な問題について書きたいということであれば、それはそれでかまいません。が、一般論として、初心者が初めて論文らしい論文を書く場合、多少なりとも先行研究のあるテーマを設定したほうが楽です。また文化研究という面からいうと、ある程度歴史的経緯がある社会問題のほうが、それを通じて問題の核心に触れる道筋がつきやすくなります。ですから、あまりにもホットな社会問題は、論争型論文のテーマとしては扱わないほうが無難だと思っておいたほうがいいでしょう。

またもう一つ、「避けるべきテーマ・その2」として、社会の暗黒面に直接触れるようなトピックや、タブーに触れるようなトピックは避けたほうがいい、ということも覚えておいてください。

これは例を挙げて説明するとわかりやすいと思うのですが、かつて私のゼミ生が「アメリカにおけるポルノ産業」というテーマで卒論を書こうとしたことがありました。アメリカのポルノ産業の歴史や現状、さらにその問題点やアメリカ社会における位置づけを明らかにし、必要悪としてその存在を認めるべきか、逆に規制を強めるべきか、その辺の論争史を調べたらおもしろいのではないか、というのです。

で、ゼミ生から相談を受けたとき、私もなるほどそれはおもしろそうなテーマだと思い、そのときはゴーサインを出しました。それどころか、そういうことを調べるのならば、たとえばアメリカの二大政党である共和党と民主党がポルノ産業に対してそれぞれどのようなスタンスを取っているのかも調べておけよ、とアドバイスまでしたくらい。

ところが、その後しばらくして、そのゼミ生から「別なテーマに変えていいですか？」という問い合わせを受けたんです。え？　せっかくおもしろそうなテーマだったのに、どうしたの？　そう思って事情を聞いてみると、資料がまったくない、と言うのですね。

それを聞いた私は、いや、ポルノ産業というのは、ある意味、人類の歴史と共にあるビジネスなのだから、これにまつわる資料がないわけがないだろうと思い、自分でも少し調査をしてみたんです。で、その結果判明したことは、ゼミ生の言うとおり、この分野には資料と呼べるようなものがほとんどない、ということでした。ポルノ産業というもの自体、社会的にあまり大っぴらにできない部分があるため、どの時代にどのくらいの冊数のポルノ雑誌が出版されていたかとか、現在、年間何本くらいのブルーフィルムが制作されているのか、というような統計資料で信頼できるものが見つからない（存在しない？）のです。また、多少なりとも先行研究はないかと思って調べてみたのですが、少なくとも日本人の研究者でこのテーマについて学術的な論文を書いている人がいないこともわかりました。日本にはアメリカのポルノを専門に研究している大学の先生はいないんですね。

もちろん、そのような状況でも、自らがパイオニアとなってこの未知の分野に挑戦し、実際にアメリカに渡って現地調査をするというのであれば、それはそれでいいのですが、学部学生にそこまで要求するのは酷でしょう。ということはつまり、このテーマで卒論を書くことは現実的には無理なのです。

　であるとするならば、無理なテーマ設定をして論文作成をいたずらに難しくするより、自分としても興味があって、かつ、ある程度調べやすいテーマを選ぶほうがよほど得策です。実際、先のゼミ生も結局このテーマを断念し、別なテーマで卒論を書くことになりましたが、後から振り返ってみれば、あまりにも難しいテーマを深追いする前に、別なテーマに乗り換えたことは正解だったのではないかと思います。

　このようにテーマの決め方一つで、論文を書く作業が楽にも苦にもなりますから、そこはじっくり考えていきましょう。

コーヒーブレイク1　論争型論文の例

ここで私の歴代ゼミ生の卒論の中から、論争型論文の例を二つほど紹介しましょう。

一つは「アファーマティヴ・アクションと逆差別問題」という論文。

少数民族への差別と迫害は、多民族国家アメリカが抱える宿痾《しゅくあ》でもありますが、とりわけ黒人差別の問題は1950年代半ば以降、アメリカの大きな社会問題となってきました。

その後1960年代に入って、こうした差別問題を少しでも是正すべく、黒人をはじめとする少数民族（及び女性）に優遇措置を施そうという動きが生じ始めます。大統領が発令する行政命令などにより、政府が行政関連団体や大学、あるいは企業に対して、差別を受けてきた弱い立場の人々を積極的に雇用するよう働きかけたんですね。いわば、それまで少数民族や女性を差別してきたことへの罪滅ぼしとして、当面の間は彼らを優遇しようというわけです。で、こうした各種優遇措置をひっくるめて「アファーマティヴ・アクション」と呼ぶのですが、アファーマティヴ・アクションは、市民の平等を重視する当時の社会的気運に後押しされるような形で、着々と浸透していった。

ところが1974年、これに関連して一つの事件が起こります。「バッキ事件」というのがそれです。

バッキ事件の衝撃

この事件のあらましを述べておきますと、アラン・バッキという白人男性がカリフォルニア大学デイヴィス校の医学部を受験したんですね。ところがこの医学部では、折からのアファーマティヴ・アクションの波に押され、１００人の入学定員のうち、16人は非白人とすることがあらかじめ決められていた。で、２年連続して入学試験に落ちてしまったバッキは、自分よりも試験の成績の悪かった黒人の受験生が、16人の優遇措置枠の合格者として医学部に合格していたことを発見、自分が不合格になったのはアファーマティヴ・アクションによる逆差別であり、それゆえ違憲であるとして、カリフォルニア大学デイヴィス校を相手取って訴訟を起こした。これがバッキ事件の発端です。

経緯を見てもわかるとおり、バッキ事件はアメリカが抱えている人種差別問題の根深さをよく表しています。アメリカには長い人種差別の歴史があって、その間、マイノリティーが不利益を被《こうむ》ってきたのですから、その差別されてきた人たちに今、アファーマティヴ・アクションによってチャンスを与え、社会的地位を向上させて、白人社会とのギャップを埋めさせることは必要なことでしょう。ですからアメリカ政府の大方針に従い、入試の点数がバッキより低い黒人学生を、特別枠の中で合格させたカリフォルニア大学デイヴィス校の方針は理解できます。

しかしその一方で、そうしたアファーマティヴ・アクションの結果、不利益を被ったバッキが「これは逆差別ではないか」と憤慨する気持ちもよくわかる。つまり、裁判で対決した大学側とバッキ側の立場は、それぞれ一理あるわけです。過去の差別はどこかで清算しなくてはならないが、そのために今、逆差別を被る人が出てしまうとしたら、それはそれでまずいではないか、ということですね。別な言い方をするならば、「民族間の平等」というアメリカの理想を実現しようとすると、「個人（の実力）主義」というアメリカのもう一つの理想に抵触してしまう、という問題でもあります。

実際、バッキ対カリフォルニア大学デイヴィス校の裁判は揉めに揉め、結局1978年6月28日に出された判決において、連邦最高裁判所は5対4の僅差でバッキ側勝訴の裁定を下したものの、人種・民族的特性を考慮したカリフォルニア大学デイヴィス校の入試方針自体は合憲となり、実質、双方の立場を認めた折衷案を通すことで収束しました。が、その過程で、人種差別の歴史という重いツケが1970年代のアメリカ社会の上にのしかかっていたことが明らかになった。この論文はそうしたアメリカ社会の問題点を、バッキ事件の論争史を通して、見事に浮かび上がらせたといっていいでしょう。

「インディアン・カジノ問題」とは？

もう一つ、ゼミ生の卒論の中から論争型論文の例を紹介しましょう。そのゼミ生が取り上げたのは「インディアン・カジノ問題」でした。

1988年、「IGRA法（Indian Gaming Regulatory Act）」なる法律がアメリカ連邦議会を通過します。これはアメリカ先住民（俗にいう「アメリカ・インディアン」のこと。ただし「インディアン」という呼称は現在では差別語とされている）の諸部族にカジノを経営することを特定の規制の下で許可する、という法律なんですが、これも先に述べたバッキ事件と同じく、アメリカが犯してきた過去の罪のツケをどこで清算するか、という問題に関わる側面を持っていました。

ご存じのように、アメリカという国には、もともとこの地に住んでいたアメリカ先住民の土地を奪取し、彼らの生活の糧を奪うことで国として発展してきた歴史があります。その結果、アメリカ先住民諸部族は、形式的には外交権すら持つ「国家内独立国家」としての位置づけを与えられつつ、その実、見るべき産業も育たない不毛な土地に押し込められ、低レベルの暮らしを強いられた状態になっている。

では、そんなアメリカ先住民の人々の生活レベルを手っとり早く上げるにはどうすればいいかを考えていく中で出てきたのが、IGRA法のベースとなったアイディア、すなわち、彼らにカジノを経営させ、そこからの収益を活用させてはどうか、というアイディアです。カジノを中心に一大観光産業を興《おこ》せば雇用も増大し、今まで安定した給与所得のなかったアメリカ先住民の貧困層の救済にも役立ちますし、またラスベガスの成功を見ればわかるとおり、カジノというのは、砂漠の真ん中に作ったとしても相当な集客力がありますから、その意味でもアメリカ先住民が多く住んでいるアメリカ西部の砂漠地帯に興す産業としてはうってつけなんですね。

ところが、こんなに優れたIGRA法にも問題点がないわけではなかった。

まず、アメリカ先住民にカジノ経営をさせると、部族間格差が生じてしまうところがある。つまり、ある程度英語を話せる層の多いピーコット族などの部族がカジノ経営による恩恵を被りやすい反面、ナヴァホ族のように独自の文化を強く維持している部族は西欧流のビジネス感覚が必要なカジノ・ビジネスに参入しにくく、その結果、裕福な部族と貧しい部族の間に格差が生じてしまうのです。

またこの問題は、アメリカ先住民のアイデンティティそのものにも関わってきます。カジノ経営がアメリカ先住民の社会に浸透していけば、それだけ西欧化が進むことになるわけですから、その分、アメリカ先住民本来の民族的独自性が失われ、その貴重な風俗・習慣も消滅することになる。ですから、アメリカ先住民にカジノを経営させるということは、とりあえず彼らに豊かさをもたらすものの、その一方で彼らの民族的アイデンティティに自ら終止符を打たせるのと同じことなのです。そう考えた場合、はたして、アメリカ先住民にカジノ経営をさせることは、彼らにとって良いことなのか、悪いことなのか。この問題は、今もなお賛否両論を巻き起こしつつ、各州政府による規制を続けるべきか、あるいはもっと自由にカジノ経営をさせるべきかを巡って議論されているといいます。

が、この卒論を書いた私のゼミ生は、アメリカ先住民にカジノを経営させた場合のメリット・デメリットを比較しつつ、それでもやはりメリットのほうが大きいと結論づけ、現状行われている州政府による規制をさらに緩和すべきだ、との意見を堂々と展開しました。論争型論文ですから、論者自身が当該の論争のどちらかに加担することは十分あり得るわけですが、この場合、彼女はアメリカ先住民にカジノ経営を任せるほうに加担した論陣を張ったんですね。そしてそれは、私の目から見れば、十分に説得力のあるものでした。

さて、右に紹介してきました二つの卒論、片や過去のある時点でアメリカの世論を騒がせた一つの裁判事件を扱い、片や現在もまだ論争の渦中にあるインディアン・カジノの問題を扱っているわけですが、どちらのケースにしても、「A」という意見と「B」という意見が真っ向から対立していながら、それでいてそのどちらの意見にも一理あるという難しい側面を含んでいます。しかし私のゼミ生たちは、こうした難しいテーマを取り上げながら、なぜそういう問題が生じたのか、その歴史的背景や論争の経緯を明らかにしつつ、それらを通してアメリカが抱える人種問題に鋭く切り込んでいます。まさに論争型論文の醍《だい》醐《ご》味《み》といっていいでしょう。

ところで、先に挙げた二つの卒論が成功した大きな要因として、テーマの設定の仕方が良かった、ということがあると思います。「黒人差別」とか「インディアン差別」といった手に余る大きなテーマ設定をせず、「バッキ事件」とか「カジノ問題」といった、具体的で、身の丈《たけ》にあった小さなテーマ設定をしたのが良かった。テーマ設定自体はコンパクトであっても、そこから引き出した結論は、アメリカという国の黒歴史たる黒人差別問題とインディアン差別問題の核心を見事に突いているのですから、テーマ設定の仕方としてはこれで十分なのです。

もしこれら二つの卒論の内容を見て、「論争型論文っておもしろそうだな」と思ったなら、小さくて具体的なテーマを設定することを心がけつつ、それぞれ自分の興味のある分野からそうしたテーマを探し出してみてはいかがでしょうか。きっとおもしろく、エキサイティングな論文が書けると思いますよ！

第2章　テーマを選ぶ（その2）

伝記型論文

前章では文系論文の一つの型として「論争型論文」を紹介しましたが、もちろんこれだけが論文のタイプではありません。賛否両論が巻き起こっているような社会問題を取り上げるのではなく、**特定の国**（**本書の場合はアメリカ**）**の歴史や文化に関連の深い人物や事物について、その伝記的な事実を掘り起こしていく**タイプの論文だってあり得るはず。

主に伝記的な事実を扱うので、とりあえずこれを「伝記型論文」と名づけておきますが、私のゼミ生がかつて取り組んだ卒論のテーマでいいますと、「ブルース音楽が白人社会に与えた影響」「アメリカ初の全国紙USA TODAYの成立史」「ブロードウェイ・ミュージカルの歴史」「ラルフ・ネーダーと消費者運動」「雑誌広告の変遷」「ボーイ・スカウト運動の発展史」「マクドナルドの歴史」「アメリカ現代写真とフォトジャーナリズムのルーツ：アンリ・カルティエ＝ブレッソンからロバート・フランクまで」「ソウル・ミュージックの歴史」「アメリカにおける女子教育の変遷」「スミソニアン博物館の歴史」「ジョン・ケージの音楽」「保安官制度から見るアメリカ警察組織」「カリフォルニア・ワインの歴史」といったあたりが伝記型論文の代表例ということになるでしょうか。またこれは人物・事物ではありませんが、「アメリカにおける清潔概念」といったテーマも伝記型論文の範疇《はんちゅう》に入ります。

アメリカ文化の特質

ところで、これらのテーマがアメリカ文化研究の対象になり得ること自体、アメリカ文化の特質をよく表していることには、ぜひご注目ください。

そのことは、日本文化の特質と比較するとよくわかるのですが、仮にあなたが「日本文化って何?」と尋ねられたとします。そのとき、あなたは何と答えるでしょうか?

もちろんこの問いに対してはいろいろな答え方があると思いますが、仮に「日本文化、それは侘《わ》び・寂《さ》びの世界だよ」「陰翳礼讃《いんえいらいさん》の感性かな」「和を尊ぶ精神でしょう」などと答えたとしましょう。たしかにこれらは皆、日本文化の特質といえそうです。

しかし、これら日本文化の特質なるものを外国人に説明するとなると、これはけっこう難しいと思います。なぜなら、「侘び・寂び」も「陰翳礼讃」も「和」も、すべて観念上の一つの傾向だからです。

それに対してアメリカ文化は、割と簡単に説明できます。「アメリカとは、コーラを飲んでハンバーガーを頬張ることである」といったとしたら、それは当たらずといえども遠からず。「アメリカとは、ハーレーに乗ってフリーウェイをかっ飛ばすことである」――これまたある程度当たっています。同じように、「ディズニーランドこそアメリカの産物だ」といってもいいし、「ハリウッド映画こそアメリカだ」「ジャズこそアメリカだ」「サーフィンこそアメリカだ」「大リーグこそアメリカだ」「マリリン・モンローこそアメリカだ」という言い方もできる。

つまり、アメリカの文化というのは、それを体現する人物や事物によって言い表すことが比較的に容易な文化なんですね。だからこそアメリカ文化は世界中に伝播しやすいわけですが、とにかく、いかにもアメリカ人らしい人物や、いかにもアメリカらしい事物のことを語っていくと、それがそのままアメリカ文化を語ることにつながるというところがある。人物や事物の伝記的研究がそのまま文化研究に結びつくというのは、そうしたアメリカ文化の特質を踏まえてのことなのです。

ですから仮にアメリカ文化について伝記型論文を書くのであれば、いかにもアメリカを感じさせるような人物・事物を選び出し、その人物・事物のことを徹底的に調べ上げていけばいいわけです。ただその際、忘れてならないのは、その人物・事物があなたにとって興味の持てるものであるかどうか、ということです。何度もいいますが、論文というのはあくまで自分の好きなことを研究するものでなくてはなりません。

バスケットボールの文化学

一つ簡単な例を挙げますと、かつて私のゼミに「バスケットボールの歴史」をテーマにした卒論を書いた学生がいました。彼女はスポーツ万能で、たしか高校のときまでバスケットボール部に所属していたはず。ですから、自分が選手でもあったスポーツの来歴には大いに興味があったんですね。

で、調べていくと、バスケットボールは19世紀末のアメリカのYMCAにおいて、ジェイムズ・ネイスミスなる人物が案出《あんしゅつ》したスポーツであることがわかった。春と夏には野球、秋にはフットボールという具合に、屋外スポーツはいろいろあるものの、冬に楽しむスポーツというのは意外に少ない。そこで何か屋内運動場で行うことのできるスポーツを考え出そうとしたのがことの始まりだったようですが、実は大都市周辺の貧しい地域に住む少年たちが非行に走らぬよう、冬にも何かスポーツをさせて、彼らのエネルギーを犯罪以外の方向に発散させたいというのが、教育者ネイスミスの本当の狙いだったらしい。

で、その際、何らかの新しい球技を作ることは最初から決まっていたのですが、既存のさまざまな球技を研究しているうちに、ネイスミスはあることに気がついた。それは、小さいボールを使う球技はお金がかかる、ということです。ゴルフ、テニス、野球といった小さいボールを使う球技は、ボールの他にもいろいろな装備が必要になるので、貧しい少年たちの球技としてはふさわしくない。そこで、新しく考案する球技は、何はともあれ、サッカーのように大きなボールを使うものにすることとなった。

では、なぜサッカーそのものではいけないのか、といいますと、まず冬場に屋内で行うには不向きであるということが一つ。またサッカーのように垂直に立ったゴールにボールを蹴り込んで得点する球技となると、どうしてもボールの勢いが強くなってしまい、これを非行に走る寸前の少年たちにやらせると、「故意にボールを当てた」「当てない」ですぐに喧嘩が始まってしまうんですね。ですから球技は球技でも、ボールの勢いを減《げん》ずるような遊び方をどうにかして考え出さなければならなかった。

そこでネイスミスが考え出したのが、「水平ゴール」という画期的なアイディアでした。地面と水平に、しかも高い位置にゴールを設置し、それに向かって山なりのシュートをする、そういう球技であれば、喧嘩にならずに楽しめる球技になるのではないか。彼はそう考えたわけです。

ところがそういうルールを作って、実際にこの新しい球技を少年たちにやらせてみたところ、やっぱり喧嘩になってしまいました。というのも、当初この球技は1チームの人数が特に定まっていなかったので、ごく初期の頃には50人対50人、すなわちコートの中に100人の選手が入り乱れるという形でプレーが行われることもあり、多人数によるボールの奪い合いが喧嘩の引き金になってしまったんです。そこで1チームを何人にしたら喧嘩にならずにゲームが進行するか実験していったところ、最終的に「5人対5人」ならうまくいくことがわかった。バスケットボールという球技が、大きなボールを水平ゴールに山なりにシュートして得点を争う5人対5人のスポーツとなった背景には、実はこうした紆《う》余曲折《よきょくせつ》があったのです。

そして、このようにバスケットボールの成立経緯について調べていた私のゼミ生は、このスポーツが次第に形を成しつつあった1891年12月21日、この球技の世界初の公式試合に参加した18人の選手名簿の中に、「石川源三郎」という日本人の名前があることを発見して仰天します。バスケットボールという新しいスポーツが産声《うぶごえ》を上げたまさにそのとき、一人の日本人が選手として立ち会っていたという事実。日本人とバスケットボールの意外にも深い関係が判明した瞬間でした。

かくして私のゼミ生は、自分が最も関心を抱いているアメリカン・スポーツであるバスケットボールの歴史を繙《ひもと》いていく中で、次々と、しかも予想以上に興味深い事実の数々を掘り起こし、楽しみながら卒論を書き上げることができたわけですが、このように自分も調査を楽しみ、かつ、読者にも驚きの調査結果を報告できること、これこそ伝記型論文の一番のおもしろさといえるかもしれません。

悪いテーマ設定の例

さて、ここまで伝記型論文のあり方について述べてきましたが、やはり最後に「こういうテーマ設定はしないほうがいい」ということについて触れておきましょう。

アメリカ文化に関する伝記型論文では、アメリカ文化との関わりが薄い人物・事物について書くことは避けるべきです。選んだトピックについて調べていった結果、アメリカ文化について何がしかのことがいえるようになる、ということが重要なのであって、そうならないトピックを選んではいけません。

たとえば以前、「私は化粧とか化粧品などに興味があるので、『アメリカ人と化粧』というテーマで卒論を書きたいのですが……」といってきたゼミ生がいたのですが、そのとき私は「それはやめたほうがいいんじゃないの？」と、否定的なアドバイスしました。なぜかというと、一般論として、化粧をするのはアメリカ人女性だけではないからです。

仮にアメリカ人女性の多くが化粧品の中でも特に口紅が好きで、アメリカにおける口紅の消費量は他国のそれを圧倒している、といった事実があるのであれば、「それはなぜか」を問う視点から論文を書くことはできるかもしれません。が、おそらくそういう事実はないだろうと思います。アメリカ人女性も、他国の女性と同じように化粧をする、というのが実際のところでしょう。そうなりますと、化粧の問題を通じて見えてくるのはアメリカ文化ではなく、もっと広い意味での女性文化になってしまう。つまり、「化粧と女性」という論文なら書けますが、「化粧とアメリカ」という論文は書けない（書きにくい？）、ということですね。

ですから、繰り返しになりますが、アメリカ文化についての伝記型論文を書くつもりでテーマ決めをするときは、「それについて書くことで、アメリカ文化の一側面を明らかにすることができるか？」と何度も自問することが重要なのです。

テーマはなるべく小さく設定すべし！

ところで、先に「論文のテーマを設定するときは、なるべく小さく、かつ具体的なテーマを選ぶことが重要である」と述べましたが、とりわけ伝記型論文を書こうとするときにはこのことを強く意識してください。というのも、伝記型論文で大きく漠然としたテーマを設定してしまうと、そのことについて調べれば調べるほど内容が拡散してしまって、最終的にどうやってまとめればいいのか判然としなくなり、非常に困難な状況に陥ってしまうからです。

一番悪い例は、たとえば「アメリカのポピュラー音楽について」というようなテーマ設定をすることです。これはテーマの決め方として非常によろしくない。なぜなら「アメリカのポピュラー音楽」といっても、それが何を指しているのかまるでわからないからです。それはブルースのことなのか、ジャズのことなのか、カントリー音楽のことなのか、ロックのことなのか、ソウルのことなのか、それともヒップホップのことなのか。あるいはそれら全部を含めたものなのか……。このように、そもそも何を指しているのかすらわからないような曖昧《あいまい》なテーマ設定では、論文は書けません。

では「ジャズについて」のように、特定の音楽ジャンルを一つ選んで書けばいいかというと、これもダメです。なぜならジャズという音楽一つとっても、スイングあり、ビバップあり、クールジャズあり、ウエストコーストあり、ハードバップあり、モードジャズあり、フリージャズあり、フュージョンあり、といった具合で多種多様。しかも、そのうちのどれか一つに限定したとしても、論文のテーマとしては範囲が広過ぎて手に余るからです。

さらにもう少し絞って、個々のジャズ・プレーヤーの中でも特に影響力の強い人物に焦点を当て、たとえば「ジャズ・トランペッター、マイルス・デイヴィスについて」というテーマにしたらどうでしょう。ここまで絞れば、たぶん、このテーマで論文を書くことは可能だと思います。事実、私のゼミ生の中にもかつてこのテーマで卒論を書いた学生がいました。

しかし、現在の私であれば、これでもまだテーマが絞り切れていないというでしょう。右の例でいえば、マイルス・デイヴィスの数多いアルバムの中のどれか一つを選ばせ、「マイルス・デイヴィスの『ビッチェズ・ブリュー』はいかに録音されたか」という程度にまでテーマを限定させると思います。そういう小さなテーマを徹底して調べるほうが、かえってマイルス・デイヴィスのことや、彼が長年にわたって携わってきたジャズという音楽ジャンルのことがよくわかるし、またそうした音楽を生み出したアメリカ文化についての理解も進むからです。

とにかく、テーマは小さく絞る。これが論文の、とりわけ伝記型論文のテーマ選びをする際の究極のコツなのです。

コーヒーブレイク2　伝記型論文の例

先に論争型論文の例を挙げましたので、ここでは私のゼミ生が仕上げた卒論の中から伝記型論文の例にあたるものを一つ、ご紹介しましょう。アメリカの教育テレビ番組、『セサミストリート』について調べた論文です。

『セサミストリート』というと、長い間日本でも放送されていましたから、ご覧になったことがある方も多いのではないでしょうか。この番組、日本では子ども向けの楽しい英語学習番組という位置づけになるのでしょうし、また事実、そのようなものとして日本の子どもたちに親しまれてきたのではないかと思います。

しかし、あの番組がアメリカで生まれた背景を調べてみると、意外なことに、そこにアメリカ社会に根を下ろすかなり深刻な問題が浮かび上がってくるのです。

『セサミストリート』誕生秘話

そもそもアメリカで『セサミストリート』の企画が生まれたのは１９６０年代半ばのこと。１９６０年代半ばというと、アメリカでは公民権運動の嵐が吹き荒れ、思うように改善されない黒人差別問題で国内が揺れに揺れていた時期でもありました。いや、改善されるどころか、この問題の根の深さは、差別の構図がそっくりそのまま次世代に引き継がれてしまうところにこそあったのです。

というのも、社会に蔓延《まんえん》する黒人への差別ゆえ、一般に白人家庭と黒人家庭の生活格差は大きく、その格差が教育面での格差にも反映していたため、白人児童と黒人児童の間には、小学校入学時からしてすでに歴然とした学力差が生じていたんです。そのため、白人児童の多くが小学校入学時点ですでにアルファベットや数字を読むことができたのに対し、黒人児童の多くにはそれだけの準備がなく、そのことが黒人児童にコンプレックスを植えつけ、学習意欲を削ぐことにもつながっていた。で、このスタート時の学力差は学年進行に従ってさらに開いていき、結局、白人生徒の多くが大学などの高等教育を受けるチャンスを得て社会人として成功する一方、黒人生徒の多くは中等教育のどこかでドロップアウトして犯罪などに手を染めるようになるなど、白人と黒人の生活格差が世代を経るごとにますます広がるという悪循環が続いていたんです。

無論、この悪循環に歯止めをかけるには、黒人児童の小学校就学前の教育を積極的に奨励・支援するしかありません。しかし実際問題として、黒人児童の家庭教育を充実させるには多くの障害があった。なぜなら、貧しい黒人家庭の多くが母子家庭であり、母親は生計を立てるために職に就いていることが多く、子どもの教育にまで手が回らなかったからです。

ではこのような社会状況を打破するためにはどうすればいいのか。それを考えていく中で出てきたのが、「テレビを教育目的に利用してはどうか」という発想でした。

ちなみに、アメリカでテレビが大々的に普及し始めたのは1950年代のことですから、1960年代半ばというのは、テレビがまだ比較的新しいメディアであった時代でもあります。ですから報道番組や娯楽番組中心だった当時のテレビ放送を敢えて教育目的に使うという発想が、当時として非常に斬新なものであったということも、ここで理解しておかなくてはなりません。

それはともかく、テレビを使って（貧しい黒人家庭の）就学前児童の教育を行うことを最初に思いついたのは、カーネギー財団のメンバーであったロイド・N・モリセットという人物でした。彼は1966年に児童向け教育テレビ番組の制作を思い立ち、ジャーナリストでドキュメンタリー制作者でもあったジョウン・ガーンツ・クーニーやハーバード大学の心理学教授だったジェラルド・S・レッサーらと協力しながら、この計画の実現に向けて努力を続け、紆余曲折の末、1969年11月10日に『セサミストリート』の放送に漕ぎ着けます。その後1971年の夏から日本でもこの番組の放送が始まり、「ビッグバード」や

「クッキーモンスター」、あるいは「アーニーとバート」や「オスカー」などのキャラクターが日本の子どもたちの間でもお馴染みになったことはいうまでもありません。ちなみに1971年の夏というと私は小学二年生でしたが、この番組の日本における第1回の放送を見て、大いに感動したことを今でもはっきり覚えています。番組に登場する架空の通りである「セサミストリート」についても、「何とステキなところなんだろう！」と思って憧れたものです。

ところが、あの「セサミストリート」なる架空の街が、ステキなところどころか、貧しい黒人たちが多く住むスラム街をモデルにしているということをゼミ生の卒論を読んで初めて知り、私は愕然としたのでした。

「セサミストリート」はスラム街!?

もっともそのことは、この番組の制作経緯を考えれば当然のことでもあります。何しろ『セサミストリート』は、貧しい黒人家庭の就学前の児童が見て楽しみながら勉強するものとして作られているのですから、そこに登場する街の風景も、貧しい黒人家庭の児童が親しみを持てるものでなければならない。あまり陽《ひ》の当たりそうもないアパートの裏手にゴミ箱がいくつも乱雑に置いてある、そういう裏寂《うらさび》れた路地裏にゴードンとスーザンという黒人の若夫婦が住んでいて、彼らの周りには気のいいビッグバードやらアーニーとバートたちがおり、屋外のゴミ箱からはオスカーが顔を出す。当時の貧しい黒人家庭の子どもたちは、セサミストリートが自分たちの住んでいるスラム街のどこかにある通りだと信じて、あのテレビを見ていたんですね。

しかし、『セサミストリート』という番組の背景に、そういう白人家庭と黒人家庭の間の格差であるとか、さらにその根底にある奴隷制の歴史や人種差別の問題など、いわばアメリカの恥部というべきものが横たわっていた、などということは、日本であの番組を漠然と見ているだけではなかなか見抜けないことでしょう。だからこそ、そういう部分を明らかにするところに、伝記型論文のおもしろさがあるわけです。

それだけではありません。この卒論は『セサミストリート』がいかに児童心理学的に合理的に作られているかも明らかにしています。この番組の場面展開が非常に早く、次から次へと場面が変わっていくようになっているのは、就学前の児童の集中力の継続時間を考えたうえでのことであり、その一方、あまり長い間同じペースで場面展開を続けると、今度はそのペース自体に子どもが飽きてしまうので、時に長いスキット（寸劇）を敢えて挿入するなどして場面展開のパターンを複雑にしてある、などということもこの卒論を読んで初めて知りましたが、その辺の理詰めな番組構成の仕方に、アメリカの教育哲学の中に脈々と流れるジョン・デューイ以来のプラグマティズムが窺《うかが》われます。こういうところも、やはりアメリカらしいといえるでしょう。

また、アメリカらしさといえば、『セサミストリート』に登場するクッキーモンスターが、いつもクッキーしか食べておらず、ちゃんとした食事をしていないことに対し、「ジャンクフードを食べることを推奨しているようだ」として批判する人々もいた、などという記述を見ると、こういう批判が生じることもまた、いかにもアメリカっぽいな、と思えてきたりもします。

このように、アメリカが育《はぐく》んだいろいろなモノの歴史を伝記的に追究していく伝記型論文によって、アメリカ文化のさまざまな側面を露わにしていくことは可能ですし、またその過程で意外な事実が次々と判明してくるスリルというのは、前章で取り上げた論争型論文以上かもしれません。

ですから、もし何か「これってアメリカっぽいな」と思うような人物や事物を見つけたら、それについてトコトン調べてみてください。ひょっとすると、その人やモノが、アメリカ文化の何たるかを明らかにする切り口になるかもしれませんよ！

第3章　資料を集める

これから論文を書こうという場合、資料集めは最も基礎的な、土台となる作業です。「数多くの資料に基づいて作成された論文ほど良い論文である」というのはやや単純過ぎる仮説かもしれませんが、あながち間違いでもありません。ですから、自分の力の及ぶ範囲で、できるだけたくさんの資料を集めることをまずは心がけてください。

とはいえ、先にも少し触れておきましたが、論文のテーマによっては、資料を集めることが非常に困難な場合があります。古い時代のことをテーマに据えた場合、あるいは社会的にタブー視されていることについて調べようとする場合など、一次資料や先行研究がほとんどないことも多いのですが、こういうテーマは論文初心者が選ぶものとしてはあまりふさわしいとはいえません。またそれとは反対に、ちょっと調べただけで大量の資料が出てきてしまうようなホットなテーマもまた、あまりにも現代的な問題であったり、すでに研究され尽くしたテーマであったりすることが多く、避けたほうが良いといえます。

逆に言いますと、実際に資料を集めてみることで、そのテーマが論文のテーマとしてふさわしいかどうかがはっきりわかるところがあります。そのような意味で、**「テーマ決め」と「資料集め」は、同時並行的に行うのがベスト**です。何かテーマを思いついたら、そのテーマについてとりあえず資料を集め始めてください。そして資料がどの程度集まるかを見ながら、それが自分の目指す論文のテーマになり得るかどうかを判断し、資料集めがうまくいかない場合は思い切ってテーマを変えてみる。そのような手順を踏みながら、総合的に論文テーマを決めていくのが賢いやり方といえそうです。

ところで、資料を集める作業は、論文を書く作業全体の中では最も楽しく、また楽な作業でもあります。なぜなら資料集めというのは、いわば手と足を使った物理的な作業が中心で、時間をかければかけた分だけ収穫があるからです。論文作成に関して難しいのは、集めた資料をいかに上手に使って論文を書くかであって、それと比べたらその前段階である資料集めなんて楽チン、楽チン！　ですから、まずは気楽な気持ちで資料探索作業を始めてみましょう。

まずは書店に行ってみよう！

さて、資料集めの第一歩をどこから踏み出すか、ということですが、もしどんなテーマについて論文を書くか、まだ漠然としているのであれば、とりあえず書店に行ってみるのも一つの選択肢です。

ただ、小さな書店では置いてある本の数も限られていますし、ましてや多少とも専門性の強い本となると、まるで置いていないことも予想されます。ですからここでいう書店とは、専門書も置いてある大型書店のこと。具体的にいえば**紀伊國屋《きのくにや》書店**や**三省堂《さんせいどう》書店**、あるいは**丸善**や**ジュンク堂書店**などのことだと思ってください。もしお近くにこれらの書店があるようでしたら、一度覗いてみることをおすすめします。

そして書店に着いたら、とにかく自分が書こうとしている論文テーマに関わる本が置いてある書架を探し出し、そこに並んでいる本の背表紙をひととおり眺めながら、ふと目についた本、興味を惹かれた本があれば片端から手に取って内容を確認してみてください。そうした地道な作業を繰り返しているうちに運命の本と出合う、なんてこともよくある話で、それこそが資料探しの醍醐味の一つといっていいでしょう。ちなみに、先に挙げた丸善／ジュンク堂書店は「一つのテーマにまつわる本はなるべく一ヵ所にまとめる」という配架方針を打ち出しているので、ある程度テーマが絞れていれば、書店内をあちこち徘徊しなくても関連書をまとめて見ることができます。私がこの書店を特におすすめするのはそういう理由です。

新書の活用

ところで、何についての論文を書くかがまだ決まっていない時点で、とりあえず書店に行ってみようということでしたら、さしあたりその書店の「新書コーナー」を覗いてみるのがいいかもしれません。

実際、新書というのは、多くの人が興味を持つような文化事象についてわかりやすく解説する入門書としての側面と、ある程度専門的な分析を加える専門書としての側面を併せ持っているところがありますので、まだ論文のテーマを決めかねているようなときであれば、関連する新書は大いに参考になるはずです。しかも新書の値段は一冊１０００円前後ですから、役に立ちそうなものを１～２冊買っておいてもさほど痛い出費ではないでしょう。

インターネットを活用する①ＡＩの活用

さて、書店巡りも終え、論文テーマもおおよそ固まってきたら、そろそろ本格的な資料集めに取りかかりましょう。

その資料集め、一世代前であれば「まずは図書館に出掛けよう！」と書き出したはずですが、今はＡＩ（人工知能）の時代。何はともあれ、まずはＡＩを使って、調査の取っ掛かりを見つけることをおすすめします。私自身、ＡＩが登場して以来、研究活動の中でこれを使わない日がないほどその恩恵に与《あずか》っていますが、本当に便利なツールができたものです。

ＡＩというと、何やら操作の難しいもののように思われるかもしれませんが、そんなことはありません。何か知りたいこと、確かめたいことがあるときに、とりあえずＡＩに尋ねれば、どんなことであれ、かなり的確な返事をしてくれる。私の感覚からいいますと、極めて優秀なコンシェルジェが私の隣に常駐しているような感じで、これほど頼もしいことはありません。

数あるＡＩの中で一番有名なのはChatGPTかもしれませんが、私はマイクロソフトのCopilotを愛用しているので、ここではCopilotの一番簡単な使い方をお伝えしておきましょう。

インターネット閲覧アプリ（ブラウザ）であるEdgeを起動し、画面最上部の右端にある青いCopilotのマークをクリックしてみてください。すると、もうそこにCopilotが現れます。そして下のほうに「何でも聞いてください」という枠が出ますので、そこに尋ねたいことを書き込めばいい。まさにコンシェルジェに話しかけるような調子で気軽に聞けばいいのです。

たとえばアメリカを代表するウイスキーであるバーボン・ウイスキーの歴史について調べてみようと考えているなら、「バーボン・ウイスキーが最初に作られたのはいつ、どこ？」と書き込んでみましょう。すると間髪をいれず、以下のような回答が返ってきます。

バーボン・ウイスキーは、１７８９年にアメリカ合衆国のケンタッキー州でエライジャ・クレイグ牧師によって初めて作られたとされています。バーボンという名前はフランスの「ブルボン朝」に由来し、アメリカ独立戦争の際にアメリカ側に味方したことに感謝し、後に合衆国大統領となるトーマス・ジェファーソンがケンタッキー州の郡のひとつを「バーボン郡」と名づけました。それが同地方で生産されるウイスキーの名前となり、定着したものであるといわれています。したがって、かつてバーボン・ウイスキーというのは、地理的な呼称、つまりケンタッキー州で生産されたコーン・ウイスキーのことを指す呼称であったとのことです。バーボン・ウイスキーの製造者、エライジャ・クレイグ牧師は「バーボンの父」とも呼ばれています。

どうです、1分もかからずして、バーボン・ウイスキーの誕生年とその生みの親までわかったではありませんか！

この時点で一番の収穫は、「エライジャ・クレイグ」という人物についての情報が得られたことでしょう。では、この人物がどんな人だったのか。続けてCopilotに「エライジャ・クレイグのことを、もっと詳しく教えて」と打ち込んでみます。すると、立ちどころに次のような回答が出てきます。

エライジャ・クレイグは、１７３８年から１８０８年まで生きたアメリカ合衆国のバプテスト派の牧師で、「バーボンの父」として知られています。彼の名前は、バーボン・ウイスキーのブランド「エライジャ・クレイグ」にも使われています。

彼はケンタッキー州の開拓時代に活動し、バーボン・ウイスキーを最初に製造したと伝えられています。そのため、「バーボンの父」と称えられています。また、彼はケンタッキー州ジョージタウンの創設者としても有名です。

エライジャ・クレイグの名前を冠したバーボン・ウイスキーは、アメリカ・ケンタッキー州のヘブン・ヒル蒸溜所で製造されています。その製品ラインナップには、エライジャ・クレイグ　スモールバッチ、エライジャ・クレイグ　バレルプルーフ、エライジャ・クレイグ12年、エライジャ・クレイグ18年などがあります。

エライジャ・クレイグのバーボン・ウイスキーは、その見た目のとおり濃厚な甘みとスパイシーさが感じられる正統派のバーボンです。ストレートかロックでの飲み方がおすすめです。エライジャ・クレイグのバーボン・ウイスキーは、甘味が強く度数も高くないため、バーボン・ウイスキーを飲み慣れていない方でも、ストレートで飲めてしまいます。ストレートで飲むとブラウンシュガーやバニラの甘みを感じ、ロックスタイルだとバーボン樽由来の力強い味わいやドライでスパイシーな味を感じやすくなります。甘みを味わいたい方はストレート、ドライな味わいやスパイシーの力強い風味を味わいたい方はロックでお試しください。

ＡＩが提示してきたこの回答を読んでいると、なんだかエライジャ・クレイグの名を冠したバーボン・ウイスキーの「バニラの甘み」を湛《たた》えた味わいとやらを、実際に試してみたくなってくるではありませんか。そしてそれと同時に「バーボン・ウイスキーの歴史を調べてみたい！」という気分が湧き起こってきたのなら出だし好調。まずはエライジャ・クレイグという人物をキーワードとして調査を開始し、はたしてＡＩが出してきた回答が本当に正しいものなのかを確認する作業を始めればいい。そう、ＡＩの出す「回答」は、本当の意味での「解答」ではありませんから、調査の取っ掛かりを見つけるために利用するのに止《とど》め、そこから先はあなた自身が事実確認を行ってください。

インターネットを活用する②ウィキペディア

さて、ＡＩを活用して調査の取っ掛かりとなるキーワードを得たら、次はさらに広く深く、そのテーマについての基礎知識を収集していきましょう。

その際、まず当たるべきは――そう、ウィキペディアです。

ウィキペディアは専門の執筆者を擁することなく、各項目について詳しい人がその蘊蓄《うんちく》を総動員して執筆し、その記述に誤りがあればまた別の人がそれを訂正しながら書き継いでいく形で、日々世界的な規模で増殖していくインターネット上の百科事典。大げさなことをいえば「人類の叡知《えいち》」そのものであるといっても過言ではないほどの知識の宝庫です。

通常の百科事典では扱わないようなマニアックな事柄についての記述があることもそうですが、一度出版してしまうと内容の訂正や追加が迅速に行えない紙媒体の百科事典とは異なり、日々スピーディに更新される点において、また一つの項目を足掛かりとし、そこからさらに関連する項目を次々に引いていくことが可能なハイパーテキストである点において、ウィキペディアの可能性には非常に大きなものがあります。

たしかに執筆内容の正確さや公正さについては個々の執筆者の良心に恃《たの》むところがあり、ウィキペディアに載っている記述を１００％鵜呑みにすることは危険ですが、それを踏まえたうえで使うのであれば、こんなに便利な百科事典はありません。そのような意味で**「資料集めの第一歩はウィキペディアから」**というのは、論文を作成する際の黄金律になりつつあります。みなさんもぜひ、ウィキペディアを活用してみてください。

さて、論文作成の準備段階としてウィキペディアを使う際のアドバイスですが、まずキーワード検索の結果出てきた情報ページ、あるいはハイパーテキストの機能を使って芋づる式に引き出した情報ページは、すべてプリントアウトしてください。

人類が紙と過ごしてきた時間と、パソコンの画面と過ごしてきた時間を比べると、圧倒的に前者が多いわけで、紙に印字された情報こそ、人間の頭脳が処理しやすい情報であることは否定できません。パソコンを開けばいつでも見られるとはいえ、インターネット上の情報は、一応、紙媒体の形に落として利用することをおすすめします。

そして紙に印字したものは、適当なファイルを買ってきて綴じ込んでおいてください。瑣末《さまつ》なことかもしれませんが、集めた資料の分量が目に見える形で増えていくこと、これもまた論文作成のモチベーションを高めるための一つの手段なのです。

インターネットを活用する③グーグルとヤフーの活用

ウィキペディアを使った作業が一応終了したところで、次にインターネット上の代表的な検索エンジンである**グーグル**や**ヤフー**を用い、先ほどと同じやり方でキーワード検索してみましょう。そして検索の結果出てきたさまざまなインターネット上のサイトをブラウジングしながら、興味深いサイトがあれば、そのサイトのＵＲＬを書き留めると同時に、そこで得られた情報をプリントアウトしてください。

また日本語による検索がひととおり終わった段階で、今度は英語のキーワードを使った検索とプリントアウトを同じように行ってください。英語版のウィキペディアには、日本語版のウィキペディアには掲載されていない情報まで載っていることがありますので、より徹底した調査を行うのであれば、英語による検索も必須です。

ウィキペディア、グーグル、ヤフーを使ったこれらの検索作業をどの程度続けるかですが、一応の目安として、まずはプリントアウトしたものが30枚ほど溜まるまで続けることをおすすめします。

書いている論文のレベルにもよりますが、卒論レベルの論文を書こうとしているのであれば、その程度の分量の情報をインターネットを使って集めることはさほど難しいことではありません。仮にもし30枚分程度の情報をすぐに集めることができなかった場合、あるいは逆にあまりにも情報が多過ぎて収拾がつかなくなってしまう場合は、そのテーマが卒論レベルの論文のテーマとしてふさわしくないことを示していますので、テーマそのものを変えることを考えたほうがいいかもしれません。このことはすでに第1章でも述べましたね。

インターネットを活用する④CiNiiの活用

論文を書くのに有用な資料としてもう一つ、「学術論文」のことを忘れてはいけません。仮にあなたが書こうとしているのが卒論であったとして、卒論もまた学術論文であるわけですから、専門の研究者が書いた学術論文は、先行研究としてより直接的に参考になるはずです。

では、その学術論文はどうやって探すか。

私自身が大学生だった頃は、先行研究を探すとなれば、国立国会図書館や日外アソシエーツが発行していた紙媒体の『雑誌記事索引』を丹念に引いて地道に探したものですが、インターネットの普及によって学術論文の検索の仕方も様変わりし、随分と楽な作業になりました。

まずはグーグルなどの検索エンジンのサーチボックスに「CiNii」と打ち込んで検索してみてください。国立情報学研究所が運営している「CiNii Research」というサイトが見つかるはずです。そしてこのサイトの検索ボックスに論文テーマに関わるキーワードを打ち込むと、そのテーマに関連のありそうな学術論文ないし雑誌記事とその掲載誌を教えてくれます。キーワードを変えながら探していけば、立ちどころに目ぼしい学術論文・雑誌記事は見つかるでしょう。さしあたり5～10本くらい見つかればよいので、その論文・雑誌記事の著者名、掲載雑誌名、発行年月日、掲載ページなどをメモしておいてください。

資料の入手

さて、ここまでの作業で、参考になりそうな新書や関連図書の情報が数冊分、ＡＩやウィキペディア、あるいはグーグル／ヤフーなどを駆使して得た情報が30枚分ほど、さらに関連学術論文の情報が5〜10本ほど溜まったはず。となると次の作業は、関連図書と関連学術論文の実物を入手することになります。

ということで、何はともあれ、まずは図書館を訪れてみましょう。学生さんなら、自分が所属している大学の附属図書館に行けばいいし、一般の方であれば、お住まいの近くの公共図書館が役に立ちます。もし自分が探している図書や論文がその図書館に所蔵されているのであれば、こんなに簡単なことはありません。当該の図書や論文を探し出し、借り出すなりコピーするなりすればいい。

しかし、いつもそううまくいくとはかぎりません。むしろ求める資料が身近な図書館に置いてないことのほうが多いのです。が、たとえそうであってもご心配なく。今は図書館間の相互貸借制度が整っていますから、お近くの図書館に目指す資料が所蔵されていなかったとしても、司書の方に頼んで他所の図書館から取り寄せてもらうことができます。また一冊丸ごとではなく、図書の一部だけが見たい場合は、当該箇所のコピーを送ってもらうことも可能ですから、その辺のことも司書の方と相談して、しかるべき手続きをとってください。

以上、卒論を書くうえで必要な資料の集め方をひととおり述べました。もしこのとおりに作業を進めたとすると、あなたの手元には、手始めとしては十分な量の資料が揃っているはずです。となると当然のことながら、後は入手した資料を読むだけ。資料を読んでいるうちに新たな疑問が生じたり、新たなキーワードが浮かんできたり、別な資料が必要になってきたりしたときには、先に述べた手順を繰り返してまた新しい資料を入手すればいい。この作業を繰り返すことによって、あなたが書こうとしている論文の血となり肉となるような資料がどんどん集まっていくのです。

資料の読み方

ところで、ここで一つ、老婆心《ろうばしん》からいわずもがなのアドバイスをしておきましょう。

資料を読む作業は、通常の読書とは意味合いが異なります。読書というのは、普通、本を最初のページから最後のページまで味読することをいうわけですが、論文を書くためにも資料を読むというのであれば、必ずしもそのような端から端までの読み方をしなくてもいいのです。自分が必要とする情報だけをその資料から抽出するくらいの気構えで、いわば

「狙い撃ち」的な読み方をする。それが基本的な読み方ですので、資料の山を見てもたじろぐ必要はありません。

が、そうはいっても、数多くの資料にあたっていると、その内容が優れているとか、自分の論文テーマに非常に近接しているといった理由で、端から端まで読みたくなるような本に出合うことがあります。

そのような場合、それが図書館から借り出した本であるならば、それはさっさと返却してしまって、新たに同じ本を（新本で、あるいは古本として）自腹を切って購入してください。なぜなら、図書館から借りた本はあくまで他人の本であって、「自分の本」と呼べるものではないからです。それは単にページの耳が折れないとか、直接書き込みをしたり線を引いたりできないということばかりではありません。

要するに、**借り物の本では、思い出にならない**のです。

仮に図書館から借りた本だけを使って論文を書いたとしましょう。その場合、それらの本は最終的には図書館に返却しなければなりませんから、論文が完成してしまえば、手元に残るのはその論文だけです。しかし、論文作成のために自腹を切って購入した本が書架に残れば、その本もまた完成した論文と共に、自分の苦心の思い出となります。論文を仕上げてから10年も20年も経った後ですら、耳が折られ、線が引かれ、あちこちに書き込みがなされた本が手元にあれば、その本を手に取る度《たび》に、論文を書いていた日々の思い出が蘇ることでしょう。

人間は、結局、思い出によって生きていくものなのです。「かつてこの本を必死で読み解いた」という記憶が、あなたの人生の糧になります。それは必ずそうなります。

ですから、論文を作成する過程で出合った優れた関連図書は、できるだけ自腹を切って購入してください。苦労を共にした本を一生の宝物にすることもまた、論文作成の大切な副産物なのです。

コーヒーブレイク3　執念の資料集め

これまで長い間論文指導をしてきた中で、こと資料集めに関して一番すごいと思ったのは、「アメリカ田園墓地運動とその変遷」という卒論を書いたゼミ生の頑張りです。

彼女の卒論にまつわる思い出は多いのですが、まず度肝を抜かれたのは、卒論のテーマ決めをしている最中のこと。そのとき、「とにかくね、あなたにとって一番興味のあることについて卒論を書くのがいいよ。ところで、あなたにとって一番興味のあることって何？」と尋ねた私に対し、彼女は「お墓です」と即答したのです。伝統的にユニークな人の多い私のゼミゆえ、私もたいていのことには動じないのですが、妙齢の女子学生の口からこともなげに発せられた「お墓に興味がある」の一言には、さすがの私もしばし二の句が継げなかったという……。

しかし、二の句が継げなかったのは、必ずしも彼女の返答が意外過ぎたからではありません。もちろん、アメリカ人がいかに死者を埋葬してきたか、というテーマ自体はすごくおもしろいだろうと私も思いましたが、はたしてこのテーマでどのくらいの先行研究と資料があるのか、また仮にあったとして、それを彼女がどの程度まで読み込めるか、というところに若干の懸念があったので、それで一瞬、ゴーサインを出すのがためらわれたのです。

が、そんな私の懸念を吹き飛ばすように、彼女が集め、読み込んだ資料は日本語の文献だけで58冊、英語で書かれた文献が10冊。この他インターネットを利用して得た各種情報や図版も多く、優に修士論文を書けるほどの豊富な材料を元に、彼女はすばらしい出来の卒論を仕上げたのです。それはまさに、彼女の資料集めに対する執念の勝利でもありました。

「お墓」をネタに卒論を書く

さて、そんな彼女の卒論の内容をここで少しだけご紹介してみましょう。

彼女の卒論によると、植民地時代のアメリカでは、死者は町の教会の裏にある墓地に埋葬されるのが普通でした。もっとも、広大なプランテーションが点在するアメリカ南部地域では事情が少し異なり、教会とその教会の教会員の家々とが距離的に離れていることが多かったために、教会員の中には自宅の裏手に家族用墓地を作り、そこに親族の遺体を埋葬することも多かったのだとか。ただこの場合、家族の間で了解されているかぎり、特に墓に名前を刻む必要もなかったため、農園の持ち主が代わったりしたときに、どこに誰が埋葬されたかがわからなくなることがあって、たとえばアメリカ初代大統領ジョージ・ワシントンの母メアリーの墓所にしても、このような事情から、今なお行方不明になっているのだそうです。

田園墓地でピクニック⁉

それはともかく、その後アメリカの人口が増えるにつれて教会附属の墓地も手狭になり、ボストンなどの大都市では、教会とは無関係な「公共墓地」が町のあちこちに作られるようになります。が、18世紀末に彼の地で伝染病が猖獗《しょうけつ》を極めると、その原因が不衛生な公共墓地にあるのではないかという説が広まり、それがこの種の雑然とした墓地のあり方を見直す契機となる。その結果、19世紀に入って続々と作られるようになったのが、ボストン近郊の「マウント・オーバーン霊園」に代表される「田園墓地」でした。英国式庭園を模して作られた緑豊かな田園墓地は、従来の陰気な墓地のイメージを一新、以来アメリカにおいて墓地は死者と生者が共に憩う場所となり、いわば家族が週末のピクニックで訪れるような観光地へと変貌を遂げます。

ところが、墓地が一種の観光地になると、各墓所の持ち主の間にライバル心が生まれるのか、自分の一族の墓所にさまざまなオブジェを建てたりして目立たせようとする傾向が

マウント・オーバーン霊園のスフィンクス

生じてくる。特に「エジプト様式」と呼ばれる墓碑《ぼひ》が流行するようになると、かつては緑溢れる庭園のようだった田園墓地のそちこちに、オベリスクやピラミッド、スフィンクスなどを象《かたど》った墓碑が建つようになってしまうんです。

　で、これはあまりにも趣味が悪いということになって田園墓地は次第に廃《すた》れ、これに代わって統一規格の墓所が碁盤の目のように並ぶ形態の墓地、いわゆる「公園墓地」が作られるようになります。しかし、このような公園墓地は、かつての田園墓地とは異なり、都市生活者が週末に家族を連れてわざわざ遊びに行くほどのおもしろさには欠けていたため、大都市では田園墓地に代わるような市民の憩いの場を作るべきではないかという議論が起こってきた。1858年、ニューヨークで「セントラル・パーク」の建設が始まった背景には、この田園墓地から公園墓地へという動きがあったのですが、要するに公園墓地の流行によって、死者と生者の憩う場所が別々になったんですね。

そして生者の憩いの場から完全に分離され、その目的のためだけに整備された墓所としての公園墓地は、第2次世界大戦後、全米各地で盛んに作られた戦死者のための墓所、いわゆる「メモリアル・パーク」となって現代に引き継がれます。ゴルフ場かと見紛《みまが》うばかりにきれいに整備されたメモリアル・パークは、「メモリアル」という名称とは裏腹に、それが死者埋葬の場所であることを忘れさせるように作られている。つまり、「死の隠蔽」です。

そして、アメリカにおける墓地の変遷をたどっていくと、その根底に死の隠蔽というコンセプトが常にあって、これこそがアメリカ人の死者埋葬に対する一貫した態度だったのではないか、と、この卒論の論者は結論部で述べています。だからこそ、国家的イベントともなったリンカーン大統領の葬儀以降、死者を生きているかのように見せる「エンバーミング」（死体保存）の技術がアメリカで発達したのであり、また今日のアメリカにおいては、遠隔地で行われている葬儀の様子を映し出したテレビモニターを、クルマに乗ったままフロントガラス越しに見る「ドライブスルー葬儀」まで行われるようになったのではないか、と。この形式なら、葬儀の参列者（参列車？）は、直接遺体を目にしなくて済みますから。

全体で１００ページ近くにならんとするこの堂々たる卒論を、ここまで短くまとめるのには無理がありますが、大雑把に捉えればだいたいこんな感じになります。

それにしても、アメリカ人がその建国以来、いかに死者を埋葬してきたかということを、その死生観にまで踏み込みながら論じ切ることができたのは、ひとえにその圧倒的な資料の力があってのこと。学部学生の卒論でも、十分な資料を集めたうえで書けば、このレベルまで論じられるのだということを、彼女の卒論は見事に実証したといってよいでしょう。

第4章　紙に書き出す

ここまでの作業でテーマも決まり、関連する資料も集め、集めた資料も少しは読み出した、と仮定しましょう。さて、次はどうするか？

次にやるべきことは、「紙に書き出す」ことです。

リンカーン・ライムに倣《なら》う

私が愛読するサスペンス作家、ジェフリー・ディーヴァーの作品に登場するリンカーン・ライムという探偵は、ある事件を担当すると、大きなホワイトボードに犯人の手口や入手した証拠物件、目撃情報など、犯人特定の手がかりとなりそうなありとあらゆることを箇条書きにし、そこに書き出された諸項目を何度も見直すことで推理を進めていきます。私は手持ちのネタをすべて書き出すというリンカーン・ライムの捜査手法にいつも感心するのですが、この方法は犯人捜査のためだけでなく、論文作成のノウハウとしても非常に有効だと思います。

論文を書くことに慣れていない人がしばしば犯す誤りは、「人間は頭の中で考える」と思い込むことです。人は普通、論文を書くとなれば、①まず頭の中で情報を整理し、②問題点を突き止め、③あれこれ考察し、④結論を出し、⑤最後にそれら一連の工程を文章にまとめて紙に書き出すものだ、と思い込んでいるんですね。

しかし、それは大きな誤りです。これは私の経験からいうのですが、人間というものは頭の外でしか考えられません。つまり、紙に書き出してはじめて、それはその人の思考といえるものになるのです。よく「頭の中にはすばらしいアイディアがあるのだが、それをうまく文章化できない」などという人がいますが、実際には紙の上に書き出された内容の薄い文章こそ、その人の思考の実体です。残念ながら、紙の上に書き出されたもの以上にすばらしいアイディアなど、どこにも存在しませんし、文章として紙の上に綴ったもの以上にその人の思考内容を正確に表すものなどないのです。

ですから、論文を書くにあたって、頭の中で考えることをまずやめましょう。すべて頭の外で、つまり紙の上で考えましょう。間違っても、「頭の中である程度考えがまとまってきたら書き出そう」などと思ってはいけません。とにかく何はともあれ、紙に書き出す。考えがまとまる前に書き出す。このことをまずは心がけてください。

まず何を書き出すか

それでは、まだ資料の読み込みも完全に終わっていない状態で、いったい何を紙に書き出せばいいのか？

簡単なことです。まずは**その時点における手持ちのネタを全部、一枚の紙の上に書き出**

せばいいのです。

どのような論文テーマであれ、とにかくテーマを設定し、それに関して少しでも調べ出せば、調べてみてわかったことや、これから調べてみたいことなどが次々に蓄積してくるはず。これら一つひとつは、要するに、これから論文へと成長していくネタです。で、このネタの数がある程度溜まってきたら、それらをいったん、一枚の紙の上にすべて書き出してみる。要は頭の中にあるアイディアの切れ端を、洗いざらい紙の上にぶちまけて、「ネタ帳」ならぬ「ネタ・カード」とでもいうべきものを作ってみようというわけです。

ここで重要なのは、「一枚の紙の上に」というところ。なぜ一枚の紙かというと、何枚もの紙に書き出したのでは一度に目を通すことができず、全体像を把握することができないから。先ほど例に挙げた天才探偵リンカーン・ライムが、捜査の過程で得た情報や証拠物件などを大きなホワイトボード一つに書き出していたことを思い出してください。全体をひと目で見渡せるというところがミソなのです。ですから、書き出す項目一つひとつは短いメモ的なものでかまいません。自分がこれから書こうと思っている事柄に、小見出しをつけるようなつもりで書き出していけばいいのです。

とはいえ、こういうのは例を出してみないとなかなか理解できないところがあります。そこで一つ、例を挙げてみましょう。ここに示したのはかつて私のゼミ生が作ったネタ・

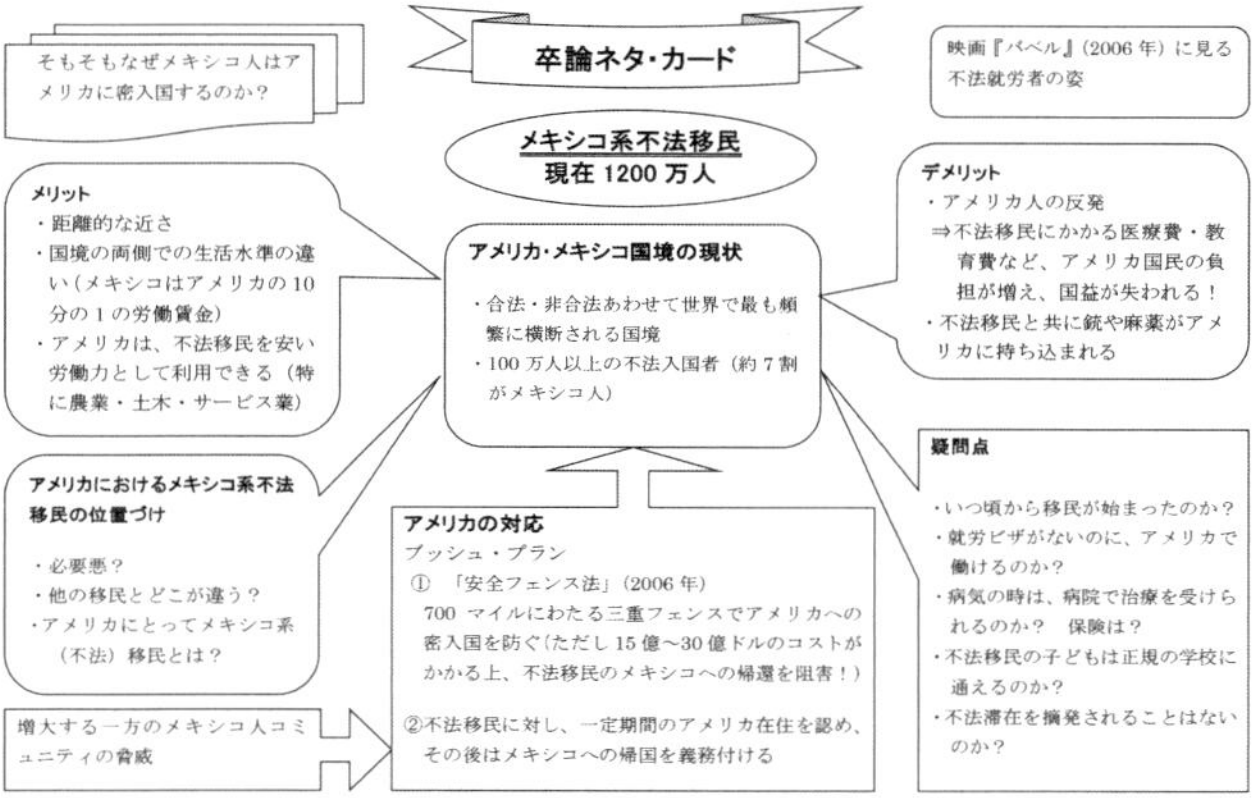

ネタ・カードの例

カードです。彼女はアメリカとの国境を不法に越境してくるメキシコ系移民の問題を卒論のテーマに選んだのですが、その際に彼女はまずネタ・カードを作ったのでした。

メキシコ人が国境を越えてアメリカに密入国することについては、アメリカ映画などでもしばしば描かれる光景ですから、多少なりともアメリカに興味のある人であれば、そういう問題があるらしいということは何となく知っているかもしれません。しかし、実際に年間何人のメキシコ人が国境を越えてアメリカに密入国しているのかとなると、即答できる人は少ないだろうと思います。また不法に入国したメキシコ人がアメリカでどのような暮らしをしているのか、正式な就労ビザもないのにアメリカで職に就けるのか、病気になったときは病院で診療を受けられるのか、不法移民の子どもは学校に通えるのか、不法滞在を摘発されることはないのか、と考えていくと、わからないことだらけだということがわかるでしょう。先に挙げたネタ・カードにも、これらの疑問点が書き出されています。

そして、わからないことだらけの中でも一番わからないのは、「そもそも移民によって建国され、移民によって成り立っているアメリカ合衆国という国が、メキシコ系不法移民をどのように捉え、どのように対処しているのか」ということではないでしょうか。そしてこの最大の疑問への解答は、先のネタ・カードに列挙されているようなさまざまな疑問点に一つずつ答えていく中で、少しずつ見出されていくものだろうと思います。そして、そこで見出されたものは、アメリカという多民族国家のことを考え、論じていくための、一つの切り口となるはずです。

ネタ・カードを作るための心得

このようにネタ・カードというのは、大きな問題の核心に迫るために順次解いていかなければならない数々の小さな問題について、各種情報を書き記しておく備忘録《びぼうろく》のようなものであるわけですが、あなた自身がネタ・カードを作る際の秘訣といいますか、手順のようなものを伝授しておきましょう。

まず最初の手順として、論文のテーマを決めたら、そのテーマの「現在」に関わる問いを発してみること。**「現在、それはどのようになっているのか?」**という問いですね。論文のスタート地点といってもいい。これは自分がテーマに据えた事柄の現在の状況を徹底的に調べるということですから、些細なところまで問いを立て、それに一つひとつ答えていく覚悟が必要です。

またどんな問題にせよ、現在の状況というのは常に歴史的な産物であるわけですから、次の一手として、歴史的な観点からの疑問をそのテーマにぶつけてみましょう。つまり、**「それは、いつから始まったのか?」**という問いを立ててみてください。これはどのようなテーマで論文を書くにしても、必ず一度は問うてみなければならないことです。先ほどの「メキシコ系不法移民」のネタ・カードにも、「いつ頃から始まったのか?」という趣旨の問いが書き出してありますね。

さて、「いつから?」の次は、「なぜ?」と問うてみますか。**「なぜそれが始まったのか/なぜそうなる必然性があったのか」**という問い。これは背景を問うという意味で、歴史的というよりは社会的な問いというべきかもしれません。

そして、「なぜ?」という問いに答えるための準備として、さらに**「メリット・デメリットは何か?」**という問いも忘れずに立てておきましょう。およそ文化的な事象には大なり小なりメリット・デメリットがあるのは当然で、この点を問うのは、その文化事象に切り込むための突破口となるはず。ぜひとも問うておかなければならない事柄です。

そして最後は**「それは、〇〇にとってどんな意味があるのか？」**という問いを持ってきましょう。先に挙げてきたさまざまな問いに答えた後、最後にこの問いに答えられたら、論文も大団円という感じがします。先に挙げた例についていえば、「多民族国家アメリカにおけるメキシコ系不法移民の位置づけ」という項目が、いわば、この卒論にとっての最後の問いということになるでしょうか。

この他、それぞれのテーマごとに、疑問に思ったこと、思いついたアイディア、参考になりそうなことなど、書き出せたら書き出してください。先の例では「映画『バベル』（2006年）に見る不法就労者の姿」という項目がありますが、そのテーマの傍証になりそうなことであればどんなことでも書き出しておきましょう。書き出したことのすべてを論文の中で取り上げるかどうかは別として、手持ちのネタをすべて一枚の紙の上に書き出し、それをしょっちゅう眺めまわすこと。

そして紙に書き出した疑問点やら、調査結果のメモなどを見ながら、「この点を調べておかなくてはならない」とか、「ここが論の組み立てのうえでまだ地盤が弱いようだから、もっと実例を探し、論述の厚みが出るようにしておこう」などと方針を立て、それに従ってさらなる資料集めや、資料の読み込みを進めていく。これが重要なんですね。こうすると資料探索にも一定の方向性が出てきますから、やみくもに調べていくのと比べて効率がはるかにアップしますし、その探索の結果、わかったことをネタ・カードに書き足していけば、次第に論文の形も定まっていきます。

とにかく、論文形式のものを書く場合、まずは頭の中で考えようとせず、頭の外で、すなわち紙の上で考えるということを実行してみてください。一度このやり方を実行してみれば、その有効性は自ずと体感できるはずです。

コーヒーブレイク4　思わず納得！　卒論で耳学問

人に教えることは、すなわち、人から教わることでもある。

……なんて格言めいたことを口にしてみましたが、自分のゼミ生たちが卒論を書き進めるのをサポートしているうちに、指導している側の私もそれらの卒論からさまざまなことを学ぶことがあります。いわばゼミ生たちの卒論から「耳学問」をさせてもらうわけですけど、ここではそんな耳学問の一端を披瀝《ひれき》してみましょう。「へぇ〜！」と思うようなトリヴィアがいろいろあると思いますよ！

①アメリカを背負いこんだ飲み物：コカ・コーラ

コカ・コーラといえば、言わずと知れた清涼飲料の王者であり、またアメリカを代表するブランドでもあるわけですが、私のゼミの中にこの飲み物をテーマにして卒論を書いたゼミ生がいます。

彼女の卒論によると、コカ・コーラは１８８０年代にジョン・Ｓ・ペンバートンという人物によって作り出されたものなのですが、そもそもコカ・コーラは最初から清涼飲料として開発されたのではなく、一種の万能薬として作られたんですね。コカ・コーラ誕生に先立つ１８６０年代後半のアメリカでは、南北戦争での怪我からリューマチなどを患うことが多かった元兵士たちの間で各種民間療法が流行っており、薬草を使った万能薬が売薬として盛んに売り買いされていた。で、コカ・コーラもそうした万能薬の一種として作られた、と。

もっともペンバートンが最初に作ったのは「フレンチ・ワイン・コカ」というもので、読んで字のごとく、南米原産のコカの葉（コカインの原料）やアフリカ原産のコーラナッツの実（カフェインを多く含む）をワインに漬け込んだものでした。つまり、コカ・コーラの原型は薬用酒だったわけです。

ところが19世紀も終わりに近づくにつれ、アメリカでは後の禁酒法制定につながる禁酒運動が盛んになり、薬用酒も批判の対象になってくる。となると「フレンチ・ワイン・コカ」が大っぴらに売れなくなるのも時間の問題です。そこで、コカやコーラナッツの抽出物をアルコール飲料以外の何かで割る必要が生じてきたわけですが、ではいったい何で割ればいいのか……。そんなことをあれこれ研究していたとき、ペンバートンが偶然見つけたのが、抽出物と炭酸水との組み合わせでした。

19世紀末の奇跡の味

実は、19世紀後半の民間療法全盛時代、水には体の毒を清める力があると信じられており、水を使った治療法が盛んに開発されていたのですが、その水をさらに活性化した炭酸水となると、これはもう水以上の治癒力があると信じられていて、全米各地の薬局に「ソーダ・ファウンテン」が設置され、炭酸水が薬として売られていた。いったいなぜアメリカでは薬局にソーダ売り場があるのか、私自身、以前から不思議に思っていましたが、炭酸水はもともと薬だったんですね。

それはともかく、先の抽出物と炭酸水を合わせてみたら、とんでもなくおいしい清涼飲料ができてしまった。無論、これこそがコカ・コーラ誕生の瞬間だったわけですが、要するにコカ・コーラというのは、アメリカ19世紀末の社会に広がっていた「民間療法の流行」「禁酒運動」「炭酸水信仰」という3つの状況が重なったところに生じた奇跡の味だったんですね。

ならば、そんな奇跡のドリンクを作ったペンバートン、さぞや大金持ちになっただろうと思いきや、さにあらず。彼はコカ・コーラの製造・販売権をわずか2300ドルで人に売ってしまったんです。ペンバートンとしては、まさか自分が作り出した飲料が、世界中で愛される飲み物になるなどとは思いもしなかったのでしょう。が、悔やんだところで後の祭り。その製法が人手に渡った後、コカ・コーラの人気は鰻《うなぎ》登りに上がっていき、それを作る会社も世界的に名の知れた大企業へと成長していきます。まあ、これもまた一つの成功物語、アメリカン・ドリームの一例といっていいでしょう。

しかし、コカ・コーラの人気を決定づけたのは、第2次世界大戦の頃に同社の社長だったロバート・W・ウッドラフの功績でした。彼は戦争が始まると、いち早く愛国心を剝き出しにし、社を挙げて戦争への協力を申し出るんです。曰く、「我々は軍服を着けた兵士が世界中のどこで戦っていようとも、また我が社にどれだけの負担がかかろうと、5セントで瓶詰めコカ・コーラを買えるようにする」と。

ところがウッドラフのこの発言には、その裏に周到なビジネス戦略がありました。つまり戦争が始まれば、コカ・コーラの製造に欠かせない砂糖が配給制になるであろうことを見越し、入手困難な砂糖をいかに有利に融通してもらうか、それを熟慮したうえでのこの愛国心の表明だったわけ。実際この作戦は奏功し、少なくとも軍に納める分のコカ・コーラの製造に関しては砂糖の配給制を免除してもらったうえ、海外で戦うアメリカ兵のために、アメリカ政府の肝煎りで北アフリカに新たな生産拠点を作ることすらできたというのですから、ウッドラフの計算は実に正しかったといわざるを得ません。ちなみにこのとき、北アフリカにコカ・コーラ工場を建設することをアメリカ政府に進言したのは、時の北アフリカ戦線連合軍最高司令官にして後のアメリカ大統領ともなるドワイト・D・アイゼンハワーだったというのですから、話としてはさらにおもしろい。

というわけで、第2次世界大戦による混乱のさなか、コカ・コーラは国内だけでなく、海外にまでその名を轟《とどろ》かせる清涼飲料に成り上がっていくのですが、実はこのことは良い面ばかりではありませんでした。というのも、「アメリカ兵の進駐するところ、コカ・コーラあり」という感じで世界に広まっていった経緯があるだけに、コカ・コーラにはアメリカの、いや、もっとはっきりいえば米軍のイメージが染みついてしまったんですね。そのため、イスラム諸国などアメリカに敵対する国々で反米運動が生じる場合、その不買／破壊運動の最初のターゲットになるアメリカ製品がコカ・コーラということになってしまった。そういうことも含め、善くも悪くも「アメリカ」を背負わされた製品、それがコカ・コーラなのだというのが、私のゼミ生の卒論が到達した結論です。

ね！　このような事情をすべて踏まえてみると、コカ・コーラの泡の向こうに、アメリカという国が透けて見えてくるではありませんか。

②「空飛ぶスパゲッティ・モンスター教」のしたたかさ

もう一つ、まったく趣の異なる卒論を紹介しましょう。

かつて私のゼミに「進化論裁判から見るアメリカの『保守』」という卒論を書いた学生がいました。当時のアメリカ大統領はジョージ・ブッシュ・ジュニアで、2期目の任期の真只中。日本から見ると、イラクへの必要以上の軍事介入など、ロクなことをしない大統領というイメージがありましたが、当のアメリカでは保守派・宗教右派からの強い支持を受け、相応の支持基盤を保持していた。では、ブッシュ大統領を支持するアメリカの保守派・宗教右派とは何ぞや？　そんな疑問を、「進化論」を巡る世論の分裂に託して考察していこうというのが、この卒論の狙いであったわけ。

人間はサルから進化した、とする進化論は、もちろん現在の日本では疑問の余地なく受け入れられている考え方だと思いますが、驚くべきことに、アメリカでは進化論を公立学校で教えるとなると、相当な度胸がいります。人間はサルから進化したのではなく、神が直接作ったのだと心の底から信じている人がアメリカには大勢いるからです。そういう人たちの中には、恐竜の足跡の化石が発掘されたのと同じ地層からヒトの足跡の化石も発見されたという「証拠」を掲げ、進化論の常識を覆《くつがえ》す「恐竜とヒトの共存時代」を本気で主張する科学者さえいるのですから、ことはなかなか面倒です。

しかも、アンチ進化論者の主張は決して荒唐無稽《こうとうむけい》なものばかりではありません。中でも「インテリジェント・デザイン説」と呼ばれる考え方を論駁《ろんばく》するのは、そう容易なことではない。

道端に落ちている時計は誰が作ったか？

インテリジェント・デザイン説を唱える人たちの主張はこうです。

たとえば道端に精巧に作られた機械式時計が落ちていたとする。それを見たあなたは、その時計についてどう考えるか。当然、「この時計は、誰か（知性も技術もある人）が、『時計を作ろう』という意図の下に作ったものだ」と思うでしょう。逆に「この時計は、自然に生じたものだ。山火事か何かの熱で鉄鉱石から鉄が、またガラス鉱石からガラスが流れ出し、それが偶然うまい具合に固まってケースや秒針や歯車、あるいは風防ガラスの形になり、それが風に吹かれて転がったりしているうちにこれまた偶然にうまいことカチッと組み合わさって時計を構成し、さらに何かの偶然でネジが巻かれて、それでコチコチと動き出したのだろう」などと考える人はいないのではないか。

ならば、時計よりももっと精巧にできている人間は？　と問うのがインテリジェント・デザイン説の信奉者たちの論法です。「進化論者が主張するように、偶然の進化が積み重なって、信じがたいほど精妙に作られている人間という存在が誕生したと、あなたは本気で考えるのか？」と彼らは問いかける。道端に落ちている時計を見て、「これは誰かが作ったのだろう」と思うのであれば、人間のように精巧・精妙なものを見れば「これは知性（インテリジェンス）のある誰かが作ろうと思って作ったものに違いない」と思うべきではないのか、と。

では、人間を作った知性のある「誰か」とは誰なのか。もちろん、インテリジェント・デザイン説を信奉する人たち、つまりアメリカの保守派の人たちの本音からいえば、「それが神だ」ということになるのでしょう。しかし彼らは賢い人たちなので、表立って「神」という言葉は持ち出しません。それをいってしまったら、その時点で「非科学的」の烙印《らくいん》を押されてしまうから。ただ、その代わりに「少なくとも人間の誕生には、知性のある超自然の存在が関わっているはずだ」と主張する。そしてそのうえで、進化論も未だ全貌が解明されていない一つの仮説に過ぎないのであれば、それだけが正しい説であるかのように公立学校で教えるのはおかしい。同じように未だ完全に否定しきれない一つの仮説であるインテリジェント・デザイン説も平等に教えるべきだ、と主張するわけです。

そしてこのような保守派の主張に気圧《けお》されたのか、2005年8月、ブッシュ大統領は「学校で進化論とインテリジェント・デザイン説を並行的に教えることが望ましい」という趣旨の発言をしています。もちろんアメリカで保守派とか宗教右派といわれる人々のすべてがインテリジェント・デザイン説の唱道者／信奉者ではありませんが、アメリカには聖

空飛ぶスパゲッティ・モンスター

書を字義どおりに解釈しようとする人たちが大勢いて、大統領を動かすほどのしたたかなパワーを持っているということは、進化論を巡る驚くべき議論の中にも見て取れるんですね。

しかし、このようなインテリジェント・デザイン説のごり押しに、おもしろいやり方で楔《くさび》を打ち込んだ人がいる、ということを私のゼミ生は指摘しています。その人物こそボビー・ヘンダーソン、「空飛ぶスパゲッティ・モンスター教」の教祖です。

彼は、この宇宙を作ったのは「空飛ぶスパゲッティ・モンスター」であるという珍説を唱え、この宇宙の創生者に対して祈るときは「アーメン」の代わりに「ラーメン」といわなければならないと主張。そして、保守派の連中がインテリジェント・デザイン説を学校で教えなければならないとあくまで言い募るのであれば、同じように宇宙創生の一つの仮説である「空飛ぶスパゲッティ・

モンスター」のことも学校で教えるべきだと論陣を張ったんです。つまり、インテリジェント・デザイン説の唱道者たちと同じ論法を採ることによって、インテリジェント・デザイン説を認めてしまえば「空飛ぶスパゲッティ・モンスター」のような馬鹿馬鹿しい教義すら否定できなくなるのだ、ということを逆説的に示して見せたというわけ。そしてこのヘンダーソンのユーモラスな「アンチ・アンチ進化論」の論法は、インターネットを通じて評判を呼び、それなりの数の支持者を得ているといいます。

進化論を公立学校で教えることの是非を巡る一連の論争を跡づけたこの卒論、もちろん一義的には、アメリカで大きな力を持つ保守派・宗教右派の考え方を知るという意味合いがあったわけです。が、それに加え、社会的に大きな意味を持つ問題について、いろいろな考えを持った連中が、それぞれの立場を自由に、したたかに主張し合い、互いに論陣を張ってしのぎを削る場所、それがアメリカなんだ、ということを実感として知ることができたこともまた、この卒論の成果だったのではないかと私は思います。そういう意味でも、この進化論論争を扱った卒論、私にとっても大いに勉強になったのでした。

第5章　笑いを取って、突っ込む

さて、ここまでの作業で論文のテーマも決まり、資料収集も開始し、ネタ・カードも作り、資料を読み込む過程で得た情報もそこに書き加えられ、カードの内容も充実してきたとしましょう。では次の一手はどこに打つべきか……。

思い切っていいましょう。次は、「笑いどころと突っ込みどころを決める作業」に取り掛かってください！

「笑いの取れる論文」とは

たいていの人は、論文というのは大真面目なものだと思っています。ですから私がゼミ生たちに「……で、この論文のどこで笑いを取るつもりなんだ？」と尋ねますと、彼らは皆一様に怪訝《けげん》そうな顔をします。「笑い、ですか……？」といったきり、途方に暮れてしまう。

しかし、私はそんなことにはおかまいなく、あくまで笑いにこだわります。笑いが取れない論文なんて、私は認めないからです。

ま、一応補足説明をしておきますと、ここで「笑い」といっているのは、駄洒落《だじゃれ》とかギャグとか、そういう意味ではありません。強いていえば「意外な事実の発掘」とか「瑣末な事実へのマニアックなまでの拘泥《こうでい》」、あるいは「常識を覆す結論の提示」といったようなもの、ということになるでしょうか。要するに、その論文を読む人を「ええ！　そうなの⁉」とびっくりさせたり、「ははあ、そうだったのか……」と唸《うな》らせたりする、そういう知的なおもしろさのことだと思ってください。

学術論文は知的なエンターテインメントであるべきだ、というのが私の持論です。なぜなら、どんなことであれ、知らなかったことを知るのはおもしろいことですし、そういう新たな知見によって既存の常識を覆すような新たな知の枠組みを提示すれば、またその知の枠組みに十分な説得力があるのであれば、それは読者を興奮させずにはおかないからです。そしてその興奮は、思わず読者を心地よい「笑い」に引き込むはず。

逆に、私が「笑いの取れない論文」というとき、それは新味のない事実を羅列し、既存の知の枠組みから一歩も出ない凡庸《ぼんよう》な結論をくっつけただけの論文のことを指します。私が「笑いの取れない論文は、論文として認めない」と言うのは、ですから、当たり前のことをいっているだけなのです。

ラクロスの文化学

では、実際にどういうものが「笑いどころ」なのか、具体的な例を示しましょう。

以前、「ラクロスの歴史」というテーマで卒論を書いたゼミ生がいました。最近では日本でもだいぶポピュラーになってきたスポーツですので、ご存じの方も多いと思いますが、長い棒の先に網のついたスティックを使い、ボールを相手ゴールに入れれば得点となる、いわばハンドボールとホッケーの中間のような球技ですね。ひと昔前までは主に女子の間で行われるチーム・スポーツであり、またユニフォームとしてタータンチェックのスカートを着用することなど、ファッショナブルな側面もありますが、実際にはかなり激しいスポーツで、球技というより格闘技に近いという説もある。

で、このラクロスについて調べたゼミ生（女子学生）は、大学でラクロス部に所属し、このスポーツを実際にプレーしていたのですが、その際、なぜラクロスのユニフォームがタータンチェックのスカートと決められているのか、その理由が知りたいと思ったんですね。かくしてユニフォームに秘められた謎に注目しながら、彼女はこのスポーツの来歴を探り出したわけですが、その過程で実に興味深い事実に突き当たることになります。

たとえば、ラクロスというスポーツがどのように生まれたか、ということ自体、いくつもの非常におもしろい逸話を持っています。サッカー、ラグビー、ローン・テニス、ゴルフなど、近代スポーツの多くがイギリスやスコットランドに起源を持つのとは異なり、ラクロスはカナダ国境に近い北アメリカが発祥の地。もっともラクロスの原型となったものは、実はスポーツではなく、この地に住んでいたアメリカ先住民の軍事演習として奨励されていた一種の戦争ゲームだったんですね。ですから格闘技に近いのも、ある意味当然なんです。実際、その軍事演習は、一度に数百人もの「兵士」が参加し、数日間かけて両軍の勝敗を決めるというような熾烈《しれつ》な競技（?）だったらしい。

で、このアメリカ先住民の軍事演習にさまざまなルールを設定し、チーム・スポーツとして制度化したのが、当時この地でアメリカ先住民と毛皮の取引をしていたフランス人入植者たちでした。当然、「ラクロス」（Lacrosse）という名前を考案したのもフランス人だったのですが、それはこの競技に使われる柄の長いスティックが、カトリックの司教が使う杖（la crosse）に似ていたからです。そしてこの新しいスポーツは、やがてフランス人の手によってヨーロッパに伝えられることになる。

ところがこのラクロス、フランスで流行するよりもむしろイギリスで、それもスコットランドで流行することになります。というのも、スコットランドの女子中等教育機関がこのスポーツを女子生徒の体育教育の具としてふさわしいと判断し、盛んに導入したからなんですが、この点についてはもう少し詳しい説明が必要でしょう。

19世紀中頃のイギリスでは、女性はおしとやかであるべし、というのが一般的な考え方で、女性が屋外で運動をするなど、当時の人々にとっては思いつきもしないことでした。ところが19世紀も終わりに近づくにつれ、この考え方は少しずつ変化してくる。この頃、優生学の流行の影響からか、「子どもを産む性」としての女性の地位が向上し、健全な子孫を残すためには、母親となる女性自身が健全でなければならないという考え方が普及するんですね。それゆえ、若い女性が適度な運動によって身体を鍛えることが奨励されるようになり、女子のためのスポーツが中学校や高校で採り入れられるようになっていく。

で、こうした流れの中、たまたまスコットランドの女子中等教育機関で採用されたのが、当時アメリカからフランス経由でヨーロッパに持ち込まれ、普及し始めたばかりのラクロスでした。ラクロスが現在でも主に女子の間で行われ、しかもユニフォームとしてタータンチェックのスカートを着用することが一つの決まり事になっているのは、このスポーツがスコットランドの女子中等教育機関の中で盛んに行われたからなんです。

……とまあ、「ラクロス」というアメリカ発祥のスポーツを調べていくと、そこから意外な事実が次々と展開していくわけですが、おもしろいでしょ？　アメリカ先住民の軍事演習がフランス人によってスポーツ化されていく経緯もおもしろいし、それがフランスではなくスコットランドの女子中等教育機関を通じて定着していくところもおもしろい。さらに、女子スポーツとしてラクロスが盛んになっていく背景に、優生学の流行に裏打ちされた、かなり偏った女性観があったというところもおもしろい。いわばおもしろいところ、笑いどころだらけ、なわけです。

　このように、あるテーマで卒論を書こうとし、それについていろいろ調べていくと、「あ、おもしろいな」と思うような事実がぞろぞろ出てくるものなんですね。で、自分で「おもしろいな」と思ったところは、他人が読んでもおもしろいと思うはず。ですから、自分が書いている論文をおもしろくしようと思ったら、まずは自分が「あ、おもしろいな」と思うところはどこなのか、それを明確に認識することが重要。それが私のいうところの、「笑いどころを摑む」ということなんです。

笑いどころを摑む

　さて、以上のようなことを踏まえたうえで、まずは自分が作ったネタ・カードを見直してください。そこには疑問点だけでなく、資料を読み進める中で得られた情報も少しずつ書き込まれてきているはず。

　そうした情報の中で、自分として一番おもしろかったこと、意外だったこと、「へぇ〜!」と思ったことは何か。そういう知的な「笑い」が取れそうな項目が一つでもあれば、そこに印をつけてください。赤線を引いてもいいですし、マーカーでなぞってもいい。とにかく、「ここがおもしろいんだよ!」という項目をチェックしてください。そして、いよいよ論文を執筆する段階では、その「笑いどころ」が適当な間隔でポン、ポンと登場するようにする。いわば論文の小さな山場として「笑いどころ」を活用するわけですね。

逆に、ネタ・カードのどこを見渡しても笑いの取れそうな項目がないとしたら、それはあまり良い状態ではありません。もっと資料をたくさん読み込んで、これはおもしろい！と思えるような事実を探してください。きっとどこかに笑いどころはあるはずです。またいくら頑張って資料を読んでもそういうものが見つからない場合、それはひょっとするとテーマ自体が退屈なのかもしれませんので、いっそテーマそのものを変えるというような荒療治《あらりょうじ》を考え始めたほうがいいかもしれない。

とにかく、笑いが取れない論文はダメなんだ、ということをまずは肝に銘じておくこと。これが大切です。

「突っ込みどころ」とは

さて、もう一方の「突っ込みどころ」ですが、これは「論文を書く過程で行うオリジナル取材や実地体験」のことを指します。

学術論文に関して、オリジナリティが重視されることはいうまでもありません。しかし、論文初心者が書く論文となると、既存の参考文献に載っていた記述やデータを引用することも多く、ともすると先行研究の研究結果を概括《がいかつ》してまとめただけのものになりがち。でも、そうだからこそ、そんな論文の中に少しでもオリジナルな部分があれば、それに対する評価がぐっと上がることは必定です。ですから、もし可能であるならば、独自に実施したオリジナルな取材やインタヴュー、自力で計算したオリジナルな統計、自ら身をもって体験した体験談など、「突っ込んだ取り組み」の成果を卒論の中に採り入れることを目指しましょう。難しいことかもしれませんが、その甲斐はあります。

では、初心者が論文を書くうえで、実際にどんな「突っ込み」が可能なのか。具体例を示して説明しましょう。

かつて私のゼミに「アメリカにおけるチア・リーディング」というテーマで卒論を書いた学生がいました。彼女の卒論によると、そもそも「チア」というのは19世紀半ばのアメリカのカレッジ・スポーツの盛り上がりの中で自然発生的に生じたものだそうで、具体的には1869年11月6日、プリンストン大学対ラトガース大学のフットボールの試合があった際、プリンストン大学側の応援席から発せられた「Ray, Ray, Ray! Tiger, Tiger, Tiger! Sis, Sis, Sis! Boom, Boom, Boom! Aaaaaah! Princeton, Princeton, Princeton!」という叱咤激励の叫び声が、史上初のチアとされているのだとか。ちなみにこの叫び声に「Tiger」という言葉が出てくるのは、同大学のマスコットが虎だったことに由来します。

その後19世紀も末になる頃には、応援の仕方も自然発生的なものから、チア・リーダーを軸にして統率のとれた公式の応援へと変化していきます。その意味では1898年11月2日、ミネソタ大学の野球の試合で、同大学の初代応援団長であったジョニー・キャンベルが、試合を見に来ていた観衆を先導し、一丸となって「Rah-Rah-Rah-Shi-U-Mah…Minne-so-ta!」と言わせたのが、アメリカのチア・リーディングのはじめといわれているらしい。

で、この頃までは男子学生がチア・リーダーを務めるのが一般的だったのですが、その後第1次世界大戦が勃発し、男子学生が兵役に取られるようになると、必然的にチア・リーダーの不足が生じ、その結果、男子学生に代わって女子学生が応援の先導を務めるようになる。これがチア・リーディングの世界に女子学生が関わるようになった端緒です。以来、女性の性的な魅力を前面に出すようなチア・リーディングや、あまりにアクロバティックなチア・リーディングに対して批判の声が上がったこともありますが、今ではチア・リーディング自体が男女混合チームで行われる一種のスポーツとして認識されるようになりました。それればかりではなく、チア・リーダーのメンバーになるためには、身体能力だけでなく、学業成績も含めた厳しい審査を経なければならないことから、アメリカの大学生にとってチア・リーダーのメンバーに選抜されることは、一種のステイタスにすらなっています。

チア・リーディング（IPGGutenbergUKLtd/iStock）

とまあ、そういうチア・リーディングの歴史を私のゼミ生はたどっていったわけなんですが、その過程で彼女は、日本人でアメリカのチア・リーダーのメンバーに選ばれた女性たちがいることに気づき、彼女たちがいかにしてチア・リーダーになったのかを調べることにしたんです。

そして特にその中のお一人、オレゴン州立大学でチア・リーダーを務められた奥寺由紀《おくでらゆき》氏のインターネット上のホームページから取材を申し込み、当の奥寺氏ご本人からアメリカのチア・リーディングについて、またそのオーディションの在りようについて尋ねることができた。何しろ実際にアメリカでチア・リーダーを務めた女性に直接取材しているのですから、彼女の卒論全体の中でもこの部分が特に説得力のあるパートになったのも当然でしょう。

これです。これが私のいう「突っ込み」です。

私のゼミ生はもともとチア・リーディングに興味があって、これを卒論のテーマに選んだのですから、同じ日本人が本場アメリカでチア・リーダーになったということは、彼女にとって特に興味のあることだったはず。そこで彼女は、その一番興味のあるところを「突っ込みどころ」にし、実際にチア・リーダーを務めていらした奥寺氏に取材を申し込むという突っ込みを敢行して、その結果を自らの卒論のハイライトとした。こういうオリジナルな取材の含まれた彼女の論文が、成績評価のうえで高得点を獲得したことはいうまでもありません。

突っ込みどころを決めて、オリジナルな卒論を！

無論、突っ込みの仕方は「取材」だけとはかぎりません。他にもさまざまな突っ込みの方法があるはず。私がかつて指導したゼミ生の例でいえば、インターネット上の百科事典である「ウィキペディア」がもたらした知の枠組みについて論文を書いていたゼミ生が、とある項目について自らウィキペディアに投稿し、それによってウィキペディアの投稿システムを実地に知ると同時に、掲載されたその記事が他の投稿者からどのような修正を受けるかを観察する、という突っ込みをしたことがあります。ウィキペディアを語るうえで、実際にウィキペディアに項目執筆すること以上に優れた突っ込みはないでしょう。

また「アメリカの裁判制度」について卒論を書いた別のゼミ生は、アメリカの陪審員制度と比較するため、日本でも採用されることが決まっていた「裁判員制度」を取材し、自ら模擬裁判に参加するという突っ込みを見せてくれました。そしてそのことにより、プロの裁判官が出す判決と素人の裁判員が出す判決がほぼ同様のものとなることを身をもって体験した彼女は、裁判員制度に対して一般人が持っている懸念がさほど根拠のあるものではないことを論じていましたが、何しろ模擬裁判を実地に体験したうえでの論述ですから、非常に説得力があった。

このようにそれぞれの論文のテーマに沿った突っ込みは、そのこと自体、執筆者自身にとって非常におもしろい体験になると同時に、完成した論文に説得力を加えることになります。しかも突っ込みを含んだ論文の評価は一様に高くなるのですから、どうせ論文を書くなら、どこかで突っ込みを敢行するにしくはないのです。

ですからここは一つ、自分の論文のテーマ上の特色や、あるいはそのテーマに関して自分が最も興味を持っている点などを考慮したうえで、「ここでこういう突っ込み方をしてみよう」とか、「ここで誰か、キーマンとなる人物に直接取材できないだろうか」などと検討してみてください。そういう目で自分の論文プランをじっくり検討すると、必ず一ヵ所や二ヵ所、突っ込みを敢行できそうなところが見えてくるはずです。

とにかく、どういう形であれ、論文を書くとなったら、少なくとも一ヵ所は突っ込みを取り入れ、それによってオリジナルな論文に仕上げる。まずはこのことを肝に銘じてください。図書館などから取り寄せた資料ばかりが資料ではありません。オリジナルな資料を求めてアクションを起こすことで、論文作成の作業そのものが、俄然、おもしろくなってくるのです。

コーヒーブレイク5　笑いが取れる論文

ここでは「笑いが取れる論文」の例を一つ、挙げてみましょう。

私のかつてのゼミ生で、「アメリカ社会におけるバービー人形の役割」という卒論を書いた学生がいました。そう、あの着せ替え人形のバービー、あれについての卒論を書いたんです。着せ替え人形なんかをテーマにして、真面目な卒論なんて書けるの？　と思われるかもしれませんが、これがまさに「笑いが取れる」堂々たる論文だったんです。以下、その内容を紹介しますが、「ここが笑いどころだ！」というところに（笑）の印を入れておきましたので、これが出てきたら必ず笑ってくださいね！

バービー人形というのは、アメリカにあるマテル社という玩具メーカーが1959年に発売を開始した着せ替え人形なのですが、このバービー人形には、実におもしろい由来があります。

マテル社の創立者の一人であるルース・ハンドラーという女性がスイスを旅行していたとき、現地で「リリ」というドイツ製の着せ替え人形を見つけます。で、これを自分の娘

バービー人形（DreamyHarry/iStock）

に買い与えたところ、娘さんはひどく喜んだ。その様子を見てピンときたルースは、さっそくリリを模した着せ替え人形を作り、「バービー」と名づけて発売します。ちなみに「バービー」という名前は、ルースの娘の名前（バーバラ）から取ったのですが（笑）、ルースの思惑どおり、バービー人形はアメリカで大ヒットすることになるんですね。

ところが、喜んだのもつかの間、1960年代に入ってアメリカ社会に「フェミニズム」の波が押し寄せると、バービー人形はフェミニストたちからの猛批判に晒《さら》されることになります。何せバービー人形というのは着せ替え人形ですから、女の子たちは自分のバービーにきれいな服をあれこれ着せては楽しむわけですが、そうなるとこの遊びを通じて「女はいつも家に居て、きれいな服を着ていさえすればいい」というような父権的な考え方を知らず知らずのうちに刷り込まれてしまう。それは健全な女子教育という観点から見て甚だよろしくない！と、フェミニストたちは厳しく批判したんです（笑）。

ところが、これが１９７０年代に入りますと、フェミニストたちのバービー人形に対する見方がまったく逆になります。つまり、フェミニストたちは、ついこの間まで批判していたバービー人形のことを、逆に諸手を挙げて称揚《しょうよう》し始めるんですね。それはいったいなぜなのか？

先にいいましたようにバービー人形は着せ替え人形ですから、着せる服を替えることによって、バービーはどんなものにでも変身できます。バービーに白衣を着せれば彼女は医者になりますし、法衣を着せれば裁判官にもなる。宇宙服を着せれば宇宙飛行士にだってなれる。つまり「女性だって、才能と努力次第で、今まで男性に独占されていたどんな職業にも就ける」というウーマン・リブ的な主張を、バービーは身をもって体現している、と、そういうふうに解釈が変わったんです（笑）。バービー人形そのものは何も変わらないのに、その解釈が１８０度変わったことによって、それまでバービー人形批判の最前線にいたフェミニストたちが、一転、バービー人形支持の立場に回った。そしてこのフェミニストたちからのお墨つきによって、バービー人形はアメリカ中の女の子たちにとって、一種のロール・モデルになっていくんです。

そしてそれ以後、バービー人形は一貫してアメリカ中の女の子のみならず、アメリカ社会そのもののロール・モデルであり続けます。たとえば、バービー人形はもともとブロンドないしブルネットの白人女性として作られたのであって、それが一つの美の典型と考えられていたわけですが、その後1967年にアフリカ系アメリカ人を模したバービー人形「フランシー」が発売されるようになると、それは「白人だけが美しいのではない、どの人種も皆美しいのだ」というメッセージとして受け取られるようになる。また1997年にはバービーの友人として「ベッキー」という名の車椅子に乗った少女の人形が発売されましたが、これもまた「健常者だけが美しいのではない、障がい者もまた美しいのだ」というメッセージになる。つまり一連のバービー人形シリーズは、まさに時代が要求していた「political correctness」(＝政治的な正しさ)の体現者という位置づけが与えられた人形になっていくわけです(笑)。

またバービー人形を、日本の代表的な着せ替え人形である「リカちゃん人形」と比較すると、これまた非常におもしろいことがわかってきます。

たとえばバービーには、親の設定がありません。「バービーのお父さん」とか、「バービーのお母さん」にあたる人形は、実質、存在しないんです。その代わり、バービーには

「ケン」という名の恋人がいる（ちなみに「ケン」という名前も、ルース・ハンドラーの息子「ケネス」の名前から取られています（笑））。またバービーの女友達も皆、それぞれボーイフレンドがいることになっていて、「親子」のつながり（＝縦のつながり）が希薄である一方、「恋人」とか「夫婦」といった横のつながりの強いアメリカ社会の在りようが、そんなところにも反映されているわけです（笑）。

一方、「リカちゃん人形」はといいますと、それこそ日本特有の「タテ社会の人間関係」（©中根千枝）を反映してか、親子関係が明確に定まっています。リカちゃんのお父さんは「ピエール」という名で、フランス人の音楽家であるとか、リカちゃんのお母さんは「織《おり》江《え》」という名でファッションデザイナーである、といったように、それぞれちゃんと設定がありますし、リカちゃんには「ミキ」と「マキ」という双子の妹もいる。その一方、リカちゃん自身が小学5年生の設定ですから、異性との本格的な付き合いはまだちょっとありそうもありません。

つまり、「親子の（＝縦の）安定した関係で社会が成り立っている」というのがリカちゃん人形の世界なのであって、それは横のつながりを軸として成り立つアメリカ的なバービー人形の世界とは明らかに異なる世界、つまり日本社会の反映なんですね（笑）。リカちゃんのお父さんであるピエールの影が薄い、というところまで、一般的な日本の家族の形を象

リリ人形（Photo by SSPL/Getty Images）

徴しているかのようです（笑）。

かくしてこの卒論は、バービー人形がいかにアメリカ社会の在りようを如実に反映したものであるかをさまざまな角度から検討しているのですが、論文全体を通じて一番笑いが取れたのは、バービー人形の元となったドイツの「リリ人形」の正体を論じた箇所でした。

それによると、実はこのリリ人形、本来子ども向けの玩具ではなかった、というのです。そうではなくて、むしろ大人の男性向けの玩具だった。つまり、服を着せるための人形ではなく、逆に脱がせるための人形だったんですね（笑）。だからこそリリの体型は成熟した女性のそれになっており、それを模したバービー人形も、期せずしてそのような形に作られてしまった。そこもまた、小学校5年生の女児の体型をモデルにしたリカちゃん人形とは似て非なるところなのです。

しかし、その後バービー人形がたどった運命からしますと、バービー出生の秘密には、非常に大きな皮肉が含まれていることがわかります。先にバービー人形が「女性がどんな職業にも就くこともできる」ことを示すロール・モデルになった経緯を説明しましたが、その伝でいきますと、バービー（の原型）が最初に就いた職業は、人類史上最古の職業ともいわれているアレだった、ということになる（大爆笑）。これが、バービー人形をアメリカ文化史の中に位置づけていく過程で出くわす、最大のブラック・ユーモアなんです。


さて、ここまでバービー人形をテーマにして書かれた卒論のあらましを述べてきましたが、いかがでしたでしょうか。子どもの遊び道具に過ぎないと思われがちなバービー人形でさえも、じっくり見ていくとそこにアメリカ文化の一面がはっきり見えてくるし、扱いようによっては興味深い事実に満ち、新しい発見に満ちた、笑いの取れる論文のテーマになり得るのだということが、おわかりいただけたでしょうか。

「学術論文は知的なエンターテインメントだ」と私がいうのは、要するにこういうことなのです。

第6章　実際に書き出す

ゼミ生に卒論指導をしていて、一番てこずるのは、実際に本文を書き出させることです。テーマ決め、資料収集、ネタ・カード作り——ここまでは割と順調に進むのですが、「では、そろそろ本文を書いてみなさい」というと、途端に渋り出す。急に頑固になって、なかなか書き出そうとしない……。

ま、その気持ちはわからないでもありません。ゼミ生たちとしても、何しろ一生に一度の卒論ですから、「傑作を書きたい」という気持ちがあるのでしょう。で、そんな思い込みがあるゆえに、最初の一行を書くのが逆に怖くなってしまう。はたしてこの一行が「傑作」の名に値する一行か？　と考え始めると、途端に不安になって、書いては消し、書いては消し……。

わかります。よーくわかります。なぜなら、我々プロの研究者も同じだからです。論文を書く度に、今度こそ傑作を書こうと思い、その思いが余って最初の一行が書き出せない。その繰り返しです。

しかし、何度も同じことを繰り返していると、その分、知恵もついてくるのでありまして、「最初の一行が書けない症候群」への対処も上手になってくる。そこで本章ではその辺のノウハウを伝授していきましょう。

友人に話してみる

運動会などで行進するとき、変な歩き方になってしまう子どもを見かけることがあります。普段なら普通に歩けるものを、「皆の前で行進するんだ」と考えて緊張するあまり、手と足が揃ってしまう。ひょっとして、あなたにもそういう経験はありませんか？

論文の書き出しにも、ちょうどこれと同じような現象が見られます。普段ゼミの中で友人たちと談笑しているときは話し方がすごく上手で、傍で聞いている私までつい釣り込まれてしまうようなゼミ生でも、いざ論文の書き出しとなると、何だか生硬《せいこう》で、まるで精彩のない書き方をすることがある。まさに「手と足が揃ってしまった行進」のような、ギクシャクとした文章です。

こういうとき、私はゼミ生たちに次のようなアドバイスをすることにしています。

自分が書こうとしている論文の内容を、口頭で、友人に説明してみなさい

このアドバイスのポイントは「口頭で」というところにあります。論文の書き出しに迷ったら、まず筆（パソコン）を措《お》いて、口で説明してみろ、ということですね。しかも指導している私に対してではなく、もっと気楽に話せる友人に。もちろんこの場合、本物の友

人でなくてもかまいません。頭の中に思い浮かべた空想上の友人でもいい。とにかくその友人に向かって自分が卒論で何を調べているか、またその過程でどんなことがわかったかについてざっくばらんにしゃべってみる。

人間、人に向かって何かをしゃべるとなると、自然に話に起承転結をつけるものです。つまりごく自然にストーリーを作って、それを上手に物語るものなんですね。逆に、起承転結のない話を人にするのは至難の業。ですから、「仮に今、自分が調べていることを友人に説明するとしたら、自分はいったいどこから、どういうふうに話し出すだろうか……」と考えることは、とりわけ論文の書き出しを決めるときには非常に参考になるんです。

ただ、その際に重要なことは、あなたが語りかけようとしているその友人には、あなたが論文のテーマに選んだ事柄についての予備知識がまったくない、と仮定することです。つまり、何も知らない人に向かって自分が書こうとしていることを説明するつもりになる、というところがミソなんですね。

さて、相手には予備知識がまったくないことをしっかりと認識したうえで、今、自分がどのようなテーマについて調べているかを語り出すとなると、当然のことながら、まずは基本的なところから話し出さなければならないことがわかります。

つまり、「自分が書こうとしているのは、何についてのことか」「なぜそのことに興味を持ったか」「それはいつ頃から生じてきた現象なのか」「現状はどんな具合か」「それにはどんな問題点があるのか」「他の研究者はそれについてどのようなことを述べているか」「このテーマについて、この先、特にどういうことを調べるつもりか」「その結果、どういうことがわかりそうか」といったようなあたりから、ゆっくりと時間をかけ、丁寧に説明していかなければならないでしょう。

また「友人との会話」というシチュエーションを想定すれば、のっけからいきなり統計を出したり、個々の詳細な事実関係を語り出すということはあり得ないはず。そういうことは、ある程度説明が進んだ後で出すべきことですから。

フロー・チャートを作る

かつて私のところに「アメリカにおけるホームスクール」というテーマで卒論を書いたゼミ生がいました。「ホームスクール」とは親が自宅で自らの子どもを教育する教育方法・制度のことで、「学校」に代わる教育上の一つのオプションとして注目を集めているものなのですが、教員志望だったそのゼミ生としては、日本の学校における「不登校」の問題を考える際のヒントにもなり得るこの制度に非常に興味があったんですね。

で、彼女はこのテーマに積極的に取り組み、満を持して執筆を開始したわけですが、そんな彼女が書き出した卒論の序章の草稿は、以下のようなものでした。

はじめに

　近年我が国においても関心が高まってきているホームスクールは、アメリカにおいて親が子どもを自宅で教育する方法として公認されてきている。アメリカではHome Schoolingという言葉が最も一般的に使われており、この他にもHome Education、Home Learningなどといわれることもある。しかし、学校に行かない選択として自宅で子どもを教育することが〝スクール〟としての立場を獲得するに至ったという事実を踏まえ、本論ではホームスクールという言葉を使うこととする。

　本論は、親が子どもを学校に行かせず自分たちで教育を行うホームスクールを選択した理由や実態を明らかにし、ホームスクールははたして子どもにとって有効な教育方法であるのかを考察することを目的としている。その際、ホームスクールを選択することは宗教上の理由からであるという一般的な認識にとどまることなく、ホームスクールを選択する理由やその方法は特に近年において非常に多様であるということに注意しながら検討を進めたい。ホームスクールを選択した理由を検討することによって、単に個人的・私的な選択と捉えるだけでなく、公教育に対する一つの社会運動としての側面を認識することができると考える。

そのためにまず、第1章では、親がホームスクールを選択した理由やその属性をさまざまな視点から検討する。第2章では、ホームスクールがどのように実践されているのか、具体例を取り上げ、公教育における教育方法と比較し、またそれとどのような関係にあるのかを検討する。最後に、ホームスクールは子どもにとって適切な教育方法であるのか、また今後の教育のあり方を考察する。


この文章を読みますと、これを書いたゼミ生はなかなか勉強熱心で、ホームスクールのさまざまな側面を論じる準備があることはよくわかります。しかし、卒論のオープニングを飾る文章としては、何だか慌ただしく、詰め込み過ぎた感じがしなくもない。

たとえばこの文章の中ほどに「ホームスクールで子どもを育てることを選択した親の多くは、宗教上の理由からそうしているのだと思われがちだが、実際にはそれが唯一の理由ではない」という趣旨のことが書いてありますが、こんな文章を読まされると、「おいおい、まだ誰もそんなこと思ってないよ！」といいたくなります。おそらくこの卒論を書いているゼミ生は、ホームスクールについての資料を読み漁《あさ》っているうちに「この世の誰もがホームスクールについて、何らかの知識なり意見を持っているはずだ」と思い込んでしまい、つい「あなたのホームスクールについての知識には誤りがある」という趣旨の文章を書いてしまったのでしょう。しかし、実際には「ホームスクール」という言葉自体、初めて聞く人のほうが圧倒的に多いのです。

そこで私は彼女に、ホームスクールについてまったく予備知識のない友人に話すように書くことを念頭に置きながら、もう一度この部分を書き直すように言い渡しました。そしてその際、どういう順番で説明したら、何の予備知識もない友人に自分が今調べていることを理解してもらえるか、その段取りをつけるために、「フロー・チャート」を作ってみなさい、という指導をしました。

フロー・チャートとは、いわば文章の設計図のようなもので、「書きたいことの固まり」を矢印でつなぎ、論旨をどのように流していくかを図示したものです。そして私の指示に従って彼女が作ったフロー・チャートは、以下のようなものでした。

序章フロー・チャート

本論は、近年アメリカで増えている「ホームスクール」という教育制度について論じるものである（主題の宣言）。

一般に「ホームスクール」というのは、要するに学校教育制度に頼らず、親が直接責任を負って自分の子どもを家庭で教育することである（原理的定義）。←

その意味で、ホームスクールの歴史はアメリカの歴史と共にあったといってよい。なぜなら植民地時代のアメリカでは児童の教育は主として家庭教育だったからである（ここから歴史的経緯に入る）。

しかし、その後、19世紀に入ってアメリカにも公教育制度が導入されるようになった。←

その後、教育の制度がさらに整備され、20世紀に至ってほぼ義務教育に近いものとなった。←

しかし、このように公教育が普及した後になって、１９６０年頃から再び、学校に頼らず、家庭で子どもの教育をしようとする非常に興味深い動きが出てきた。←

というわけで、本論文では、公教育普及後に出てきた家庭教育制度を「ホームスクー←

ル」と限定的に定義し、これがいかなる理由で登場してきたのか、どんなメリットがあり、どんなデメリットがあるのか、法的な問題点はあるのかないのか、この先どのように発展していくと予想されるか、といった諸側面について考えていきたいと思う（目標の設定と提示）。

そこで第1章では○○について書く（以下、論文構成の提示）。←

ついで第2章では△△について書く。←

最後に第3章では□□について書く。←

そして、これらの論述を通じ、アメリカのホームスクール制度の存在意義について明らかにすることができれば、と考えている（論文の最終目標／着地点の提示）。←

このように、どういった順序で書いていけば自分がいいたいことが読者に最もうまく伝わるかを考えながらフロー・チャートを作ってみると、その作業の中で、自分の論文の論旨の流れが可視化されます。ここまでくれば、後は矢印でつながれた一つひとつの「書きたいことの固まり」を各種データや例証などで肉づけし、充実したパラグラフに育てていけばいい。その時点で論文は部分的には完成したようなものです。

かくして私のゼミ生も、このフロー・チャートを基に卒論の冒頭部分を書き直したわけですが、以下に示す文章がその書き直しバージョンです。

序章

一般に「ホームスクール」というのは、子どもを学校に就学させないで、代わりに親が教師となって家庭で子どもを教育する形態の教育システムのことを指す。その意味で、ホームスクールの歴史はアメリカの歴史と共にあったといってよい。なぜなら、植民地時代のアメリカでは学校らしい学校は少なかったため、子どもの教育は主として家庭教育によっていたからである。

当時、裕福な家庭では家庭教師を雇い、子どもの個人教授を依頼することもあったが、一般的には、読み方と宗教を教える「読み方学校（reading school）」、もしくは多少高度な書き方と算術を教える「書き方学校（writing school）」しかなかった。それ以外では、家庭婦人が自宅で家事をしながら、1週間に4〜5日、自らの子弟や近所の子どもたちに読み方や文学、編み物や料理を教える「家庭塾（dame school）」があったが、これは現在のホームスクールの原型ともいえる教育方法である。つまり、アメリカが国家として成立した頃、整備された学校は少なく、親が自分たちの手で子どもを教育することはごく一般的に行われていたのである。

しかし、その後1852年にマサチューセッツ州で就学義務法（The Massachusetts School Attendance Act）が制定されて以後、学校教育が広まり、19世紀末には国民の就学義務を担う公立学校は全国に行き渡った。そして20世紀に入ってからは、現在の日本と同様に、子どもを教育する場は学校であることが当然のことと考えられるようになった。

だが、極めて効率的で近代的な産物である学校という制度が普及したにもかかわらず、1960年頃から再び、学校には頼らず家庭で自分たちの子どもを教育しようとする非常に興味深い動きが出てきた。この動きは画一的な公教育を批判した人々による教育運動として始まり、1980年代からは伝統的なキリスト教的価値観を掲げた人々による社会運動へと変化していったといわれている。

もっとも、この種の新しいホームスクールが出現した当時、世間やマスコミは、狂信者や理想家が人目を盗んで子どもの教育をもぐりで行っているのではないか、もしくは、教育を行っていると見せかけて、実際には児童虐待を行っているのではないかという批判をすることも少なくなく、ホームスクールを行った親の中には刑務所へ入れられたり、あるいは罰金を取られたりした者さえいた。たとえばアイオワ州では、「州の認可を得ず自らの娘を教育した廉《かど》により、原理主義者の牧師が30日間の刑に服するために刑務所に入れられた」という事件が1987年に報告されている。このようにホームスクールは「胡散《うさん》臭い違法な教育方法」とみられることも多かったのだが、それでもなおこの教育方法に固執した人々がいたのである。

しかし、本論に記したとおり、1970年代あたりからホームスクールは「親自らが子どもを家庭で教育する方法」として少しずつ公認されるようになり、また1990年代には次第に合法化が進んだ。そして今日、ホームスクールは、公教育に頼らない教育システムの一つとして広く社会的認知を受け、200万人ともいわれる数の児童が学校ではなく、家庭で教育を受けるという状況に至っている。

そこで本論文では、アメリカでこれほど発展しつつあるホームスクールというものが何を契機として生まれ、いかに発達してきたのか、ホームスクールに取り組む親たちは、なぜ子どもを学校へ通わせる代わりに自分たち自身で教育することを選択したのか、ホームスクールは実際にはどのような形で行われているのか、ホームスクールにはどのようなメリット・デメリットがあり、公教育との関係はどのようになっているのか、さらにこの教育システムが今後どのように発展していくと予想されるか、といった諸側面について考察したいと思う。

そのために、まず第1章では、ホームスクールの起源と発展の経緯を述べ、併せてホームスクールがどのように実践されているのか具体的な例を取り上げ、公教育における教育方法と比較し、それとどのような関係にあるのかを検討する。

また続く第2章では、親がホームスクールを選択した理由やその属性をさまざまな視点から検討しようと思う。

最後に第3章では、ホームスクールは本当に子どもにとって適切な教育方法であるのかを検討し、ここまでの論述全体を通じ、アメリカにおけるホームスクールの存在意義について、明らかにすることができればと考えている。

なお「ホームスクール（Home School）」には他に"Home Education"や"Home Learning"などの呼称もあるが、本論では一貫して「ホームスクール」という言葉を使うこととする。

いかがでしょう。最初の草稿と比較すると、こちらのほうがはるかに読みやすく、論者のいわんとするところが明確になっていると思いませんか？　これなら、何の予備知識もない友人が読んだとしても、彼女がこれから論述していこうとしていることの内容も容易にわかるでしょう。

いよいよ卒論を書き出そうというときに、どうしても筆が進まなくなってしまったら、まずは「友人に話すことを想定」し、次に「フロー・チャートを作ってみる」こと。この二つを実行してみてください。必ず突破口が開けると思いますよ！

コーヒーブレイク6　突っ込んだ論文

先に「笑いが取れる論文」の例を挙げましたので、ここでは私のゼミ生の卒論の中から「突っ込んだ論文」の例を一つ挙げておきましょう。

塀で囲まれた「要塞住宅地」

彼女の卒論のタイトルは「アメリカのゲーテッド・コミュニティ：増加する排他的要塞住宅地」というもの。

「ゲーテッド・コミュニティ」というと、日本ではまだ馴染みの薄い言葉ではありますが、周辺一帯をぐるりと塀やフェンスで囲み、唯一の出入り口（ゲート）のところに専属の警備員を置くなどして、住民以外の不審者がその界隈に入り込めないようにした、そういうセキュリティ性の高い住宅地のことを指します。こういうタイプの住宅地が近年、フロリダ州やテキサス州、またアリゾナ州やカリフォルニア州南部など、一般に「サンベルト」と呼ばれるアメリカ南西部諸州を中心として急速に増えているんですね。で、この卒論はそうしたアメリカの新しい居住形態について、その起源や現状、またその社会的背景

ゲーテッド・コミュニティの一例（Akabei/iStock）

などを論じるものだったんです。

ちなみに、私のゼミ生がこのテーマを思いついたのは、『The O.C.』というアメリカのテレビドラマを見ていたときのこと。「O.C.」とは「オレンジ・カウンティ」の略、すなわちカリフォルニア州南部の行政区名ですね。このテレビドラマは、この地方に住むリッチな人々のライフスタイルに焦点を当てたものなのですが、その中にゲーテッド・コミュニティが登場する。ドラマの登場人物の多くはゲーテッド・コミュニティの住人ですから、ドラマの中で彼ら／彼女らがゲートのところで警備員にＩＤカードを見せながらコミュニティ内に入り、それぞれ自宅に向かう様子が頻繁に映し出されるんですね。で、それを見た私のゼミ生は「なんだ、これは？」と思った。そしてその疑問を解明しようと思ったところから彼女の卒論がスタートした、というのですから、アチラのテレビドラマを見ることは、少なくともアメリカ文化に関する論文のテーマを探すうえで、大きな効用があるといってもいいでしょう。

さて、話を戻しますが、では「住宅地を塀で囲んでセキュリティ性を高める」という慣習がいつ頃始まったか、という話になりますと、世界史的に見ればこれはもう紀元前のローマ時代にまで遡《さかのぼ》ってしまう。その頃の話となると、放っておけば本当に外敵（他民族）がやってきて町中を蹂躙《じゅうりん》していく恐れがあるのですから、町を取り囲む塀は絶対に必要だったんです。そしてそういう意味での「城塞都市」は、その後も中世・近代を通じて連綿と続くわけですね。つまり「塀に囲まれていれば、恐ろしい敵に襲われずに済む」という発想自体は大昔からあった。

しかし、そこまで物騒な外敵を想定していない、ごく現代的な意味でのアメリカにおけるゲーテッド・コミュニティの起源はと申しますと、1886年にニューヨーク州に建設された「タキシード・パーク」がそれにあたります。高さ8フィート（約2メートル40センチ）、総延長24マイル（約39キロメートル）の有刺鉄線に囲まれたこの広大な住宅地の中には森や湖もあり、そこで釣りはもちろんのこと、狩猟すらできるようになっていたといいます。まさに富裕層のための高級住宅地です。

では19世紀も終わりに近づいた頃、ニューヨークでこうした排他的住宅地が生まれたのはなぜか？

実は19世紀末のアメリカというのは、特に都市部において工業化が進み、それに伴って工場労働者の需要が高まったため、移民をはじめとする貧困層の人々が職を求めて大挙して大都市に押し寄せた時代なんですね。で、そういう貧しい人々がわっと押し寄せると、どうしても町の治安が悪くなり、それを嫌った富裕層の人々は、貧しい人々が暮らす地域から隔絶した地域に自分たちだけの居住空間を確保しようとする。で、まさにこのことが先に名を挙げた「タキシード・パーク」の成立事情であったわけで、要するにゲーテッド・コミュニティというのは、元々は特権階級のための特別な住宅地だったんです。

ところがその後、時代が進み、20世紀も後半の１９７０年代に入ると、この種の排他的住宅地が中流階級の人々にも手の届くものとなり、またこの時代の「高級不動産志向」や「レジャー志向」とも連動して、敷地内にゴルフコースなどを備えた新しいゲーテッド・コミュニティが登場することになります。勤務先の会社からクルマを飛ばして帰宅すると、そこに街の喧騒を離れた広く安全な郊外型住宅地があり、その緑溢れるすばらしい環境の中に、自分とちょうど同じくらいの社会階級に属する善良な隣人たちのステキな家々が並んでいて、その内の一軒が誇らしき我が家である――これはまさに１９５０年代のアメリカで多くの人が夢見た「郊外暮らし」（いわゆる「サバービア」）のライフスタイルですが、そのひと昔前の夢が、ゲーテッド・コミュニティという新しい居住形態をとって現代に復活した、というふうに捉えてもいいのかもしれません。

しかし、そんな夢の生活を提供してくれるゲーテッド・コミュニティにも、問題点がないわけではなかった。なぜなら、その夢の居住空間を作り出している塀は、同時に人々を分け隔てる冷たい壁にもなり得るからです。自由・平等であるべきアメリカの町のそちこちに張り巡らされた長大な塀の連なりは、その内側の安全な世界に入れる恵まれた人々と、外側に住まなくてはならない貧しい人々の間に聳《そび》える非情な衝立《ついたて》にもなり得る。事実、近年ではこの種の排他的なゲーテッド・コミュニティが建設される度に、塀の外側に暮らす人々から「何だか自分たちが疎外され、蔑《さげす》まれているような気がする」といった苦情が出て、地域の問題に発展することも多いといいます。

では、ゲーテッド・コミュニティの中に住んでいる人々はどうなのか？　彼らは自分たちが塀に囲まれた、特権的に安全な住宅地に住んでいることに対して、１００％の満足を得ているのか？

ゼミ生の突っ込み

この論文を書いた私のゼミ生の類《たぐ》いまれなる「突っ込み」が顔を出すのは、まさにここです。彼女は知人のつてを頼ってアリゾナ州にある某ゲーテッド・コミュニティの住民に独自のアンケートを行い、この種の排他的住宅地の「住み心地」の調査を敢行したんです。

彼女が実施したアンケート調査は、「①世帯主の職業・年齢・家族構成」「②コミュニティ内の施設にはどのようなものがあるか?」「③このコミュニティを選んだ理由は?」「④コミュニティが周辺地域と比べて安全だと思うか? それは塀とゲートがあるおかげだと思うか?」「⑤隣人同士の付き合いはあるか?」「⑥塀とゲートの存在がコミュニティ内の住民に一体感を与えていると思うか?」「⑦コミュニティ内の活動に積極的に参加しているか?」「⑧ゲーテッド・コミュニティの好きな点は? 嫌いな点は?」などの諸点を問うもので、これらのアンケートを通じて独自の一次資料を作り上げたわけ。

そしてこの独自アンケートの結果から、ゲーテッド・コミュニティに住むことを選択した住民たちが最も重視していることは、施設内にゴルフ場があることとか、高級住宅に住むことの満足感とか、特権的な住民同士の交流などではなく、一にも二にも塀の内側の安全性である、ということがわかったんですね。統計的に見て、この種のゲーテッド・コミュニティ内で発生する犯罪率が一般の住宅地のそれと比べて顕著に低いわけではないにもかかわらず、ゲーテッド・コミュニティに住む住民たちは「ゲートの内側は安全だ」という幻想に安らぎを感じていることが明確になった。つまりアメリカ各地で今、ゲーテッド・コミュニティが流行・普及していることの背景に、多発する犯罪に怯えつつ、せめて自分の家族だけはそうした犯罪から守りたいと願うアメリカ人の姿が見えてくるわけです。たとえ彼らが頼みとするゲート内の安全性とやらが、実は幻想に過ぎないものだとしても……。これは当該ゼミ生の独自の「突っ込み」によって発見された、非常に価値のある事実であると思います。

しかし、先にも述べたように、こうした安全願望を押し進めていくと、ゲートの内側に入れる（裕福な）人々とそうでない人々という具合に、その地域の住民を二つのグループに分裂させてしまうことになるのは目に見えており、そのことが地域住民の間に妙な対立を生じさせているとすれば、これはまたこれで由々しき事態ではあります。では、どうすればいいのか。

ここで私のゼミ生は、こうした状況への打開策はある、と卒論の中で述べています。つまり、塀とゲートで囲うよりももっと実質的に犯罪防止の効果がある町づくりをすることは可能である、というのです。それがピーター・カルソープやアンドレス・ドゥアーニ、エリザベス・プラター＝ザイバークといった都市プランナーたちが提唱する「サスティナブル・コミュニティ」とか「ニュー・アーバニズム」と呼ばれる考え方で、地域住民の団結意識を高めながら自然に犯罪を防止する町づくりを目指すというものなんですね。

たとえば個々の住宅の窓の向きを工夫したり、街灯を効果的に配置するなど、町の中に死角を作らないことで、住民による常時監視体制を築くといったことが、この新たな町づくりの具体的な方法論になります。また町の中を通るメインストリートを石畳にするとか、敢えてカーブを設けることで、そこを通過する自動車のスピードを自然に落とさせる一方、それとは別なところに歩行者専用道を作るなどして、住宅地周辺での自動車事故を未然に防ぐといったような工夫も、新たな町づくりには欠かせません。

そしてこれらの工夫を幾重にも積み上げることにより、町の住民の間に「ここからここまでは我らの町であり、その中での異変にはすぐに気づくぞ」という意識を育て、それを外部に向かってもアピールすることで犯罪を未然に防ぎ、安全な暮らしを手に入れるというのが、「サスティナブル・コミュニティ」とか「ニュー・アーバニズム」と呼ばれる考え方のキモなんです。要するに、古き善きアメリカン・コミュニティの再生を目指しているのでしょうが、ゼミ生の卒論によりますと、こうした考え方に基づいた町づくりへの取り組みは、すでに全米各地で少しずつ始まっているといいます。

そして、こうした兆《きざ》しを睨《にら》みつつ、この種の新しいコミュニティの登場こそが今後のアメリカの向かうべき方向であって、今流行しているゲーテッド・コミュニティは、そこへいくまでの過渡的な段階に過ぎない、と喝破した。これが私のゼミ生の最終的な結論です。

アメリカのテレビドラマに映し出された「ゲートのある住宅地」の在りようを不思議に思ったことから始まったこの卒論ですが、調査を進めていくうちに、そこに「自由・平等」を標榜しながら実際には貧富の格差が激しいアメリカ、あるいは「多民族国家」であることを国是としながら実際には同種の人間だけで固まりたがり、自分たちとは異なる人々に対して疑心暗鬼になりがちなアメリカ、という非常に根源的な問題が顔を出していることを突き止めたばかりでなく、さらにそうした問題点を最終的に解決するには、もう一度古き善きアメリカの住宅地のあり方を再生するしかない、というヴィジョンまで提示したわけですけど、ここまで深い考察に至ることができたのは、やはり独自の現地調査を実施するほどの突っ込みを敢行することで、自分が扱っている問題に対する思い入れをどんどん強くしていったことが大きいのではないか。

突っ込めば突っ込むほど、論文を書くことがおもしろくなってくるし、その結果完成した論文も必ずやおもしろいものになる。ここで紹介したゼミ生の卒論は、この「プラスのスパイラル」を如実に示しているのではないかと思うのです。

第7章　卒論の構成

論文で一番重要なのは、いうまでもなくその内容です。が、指導の過程でゼミ生たちから案外よく尋ねられるのは、論文の形式的側面のこと。もっとはっきりいえば、「何枚くらい書けばいいのですか？」とか、「何章立てにすればいいのですか？」といった類いのことですね。

ま、私としてはこの種の問いに対しては「そんなのケース・バイ・ケースだよ」と答えたいところなのですが、最近の若い人たちは、どんなことについてもマニュアルを求めたがるものですから、ここで敢えて私なりの目安を「Q＆A方式」で示しておきたいと思います。

Q：論文って、どのくらいの枚数を書けばいいの？

A：論文の長さに関しては、論文を書くことを要求した側（学会・コンクール主催者・所属大学など）が、論文の長さや文字数に関する規定を提示するのが普通ですが、こと卒論に限定しますと、**文系の卒論であればA４の用紙に打ち出して、全体で40枚程度**の分量があれば十分なのではないかと個人的には思っています。無論、これは「このくらいの長さがあれば、卒論として立派に通用するだろう」という最低基準のことをお知らせしているのであって、仮に１００枚を超えるような力作を書きたいのであれば、それはそれでかまいません。一般論として、熱のこもった卒論ほど長くなる傾向があり、分厚い卒論に高い評価が集まるのも事実です。

ただ、どんな論文でもそうですが、必ずしも「長く書けば書くほど良い」わけではありません。仕入れた情報を上手に整理し、注などを活用して適度にコンパクトにまとめる技量も問われるのであって、私なら未整理な情報をだらだらと書き並べただけの卒論より、40枚程度の長さに要領よくまとめられた卒論のほうをよほど高く評価します。そのような意味でも、40枚を一つの目安にし、とりあえずはこの程度の長さに仕上げることを目標にしてみてはいかがでしょうか。

ちなみに、まだ卒論を一行も書き出していないゼミ生たちにいきなり「最低40枚」などと言い出すと、彼らは一様に不安そうな顔をします。「そんなにたくさん書けるのか……？」という不安に駆られるらしいのですね。しかしご心配なく。実際に書き始めてみれば、逆に40枚に収めるのがいかに難しいかを思い知ることになりますから！

Q：章立ての基準は？

A：これもまた個々の論文によって異なると思いますが、私の経験からいえば、**卒論レベルの長さの論文であれば、「3章立て」にするとうまくまとまる**ような気がします。

3章立てにするそのココロは、と申しますと、まず第1章でこれから論ずるテーマを確認し、続いて歴史的経緯をたどる。どんな卒論でも歴史的経緯は重要なので、第1章を歴史的経緯の説明にあてるのは理に適《かな》っています。そしてその最後の部分で今の状況に触れ、現状、何が問題なのかを明確にする。続く第2章ではこの問題に関する先行研究や論争の軌跡を紹介しながら、このテーマへの理解を深める。最後の第3章では、第1章・第2章での論述を踏まえたうえで、論文全体の着地点を目指しながら最終的な考察を述べるようにする……と、まあこんな感じで納めると、卒論がスッキリした形にまとまる、ということです。

とはいえ、これは一つの例に過ぎず、別に3章立てにこだわる必要はありません。4章立てにして、それぞれの章に「起」「承」「転」「結」の各パートを負わせるやり方もあるでしょう。ただ私の過去の経験では、4章立てとか5章立ての論文となると、章が多過ぎるためにかえって論述が散漫になることも多く、扱いが難しくなるのも事実。

このことは先に述べた論文全体の長さとも関係するのですが、一つのテーマをじっくり掘り下げていく学術論文では、一つの章に10枚（＝10ページ）程度の長さがないと、説得力が生じてこないところがあります。そういうことも含め、論述部分は3章立てにして、10枚×3で計30枚（論文全体の75％）、これに序章（＝まえがき）と結論（＝あとがき）をそれぞれ2

枚（各5％）、さらに注と文献目録（第9章を参照）を合わせて6枚（論文全体の15％）ほどつけ、全体で40枚程度にする。そうすると、いろいろな意味で卒論がバランスよくまとまるんですね。ですから、個々の卒論テーマにもよるとはいえ、とりあえずは3章立てで卒論を構成してみることをおすすめしておきます。

ちなみに、先に示した**論文のバランス**、すなわち**「序章5％、論述部75％、結論5％、注&文献目録15％」**は、どのような長さの論文にもだいたい当てはまるので、覚えておくと便利です。仮に40枚ではなく、60枚の論文を書くのであれば、中心となる論述部はその75％にあたる45枚程度とし、序章と結論にそれぞれ5％を割り当てて3枚ずつ、残りの15％に相当する9枚を注と文献目録に割り当てると、バランスのとれた論文になるというわけ。ですからこの「論文の黄金分割比率」、一応の目安として頭の片隅にでも置いておいてください。

Q：本論に先立つ「序章」には、いったい何を書けばいいの？

A：これもゼミ生たちからよく尋ねられる問いです。なぜそんなことを尋ねられるのか、私にはよくわからないのですが……。

ま、簡単なことでありまして、**「序章」というのは、論文の「予告編」**なんですね。ですから「この論文はコレコレこういうテーマについてのもので、コレコレこういう点について順を追って論じていきます」と述べておけばいいんです。

もう少し具体的にいいますと、序章の中に盛り込むべき内容としては**「テーマの宣言」**があります。この論文は何についての論文であるかを、何はともあれ宣言するわけですね。場合によっては、これに加えて「なぜ論者はこのテーマを選んだのか」という執筆動機を簡単に説明してもかまいません。つまりテーマ設定に至るまでの経緯を簡潔に述べるわけです。

次に盛り込むべきは、**「テーマに含まれる問題点の指摘」**です。あなたがある事柄を論文のテーマとして取り上げた以上、その事柄には論じるに足る何らかの問題点があるはず。もちろんそのことは本論で詳しく述べることになるわけですが、序章の中でそのことに軽く触れることで、論文を読んでくれる読者の興味を掻き立てる必要があります。まさにこが序章の「予告編」たる所以といえましょう。

そして最後に**「論の進め方の提示」**をしておきます。これは、言い換えれば章立ての解説ですね。つまり「先に示したテーマを論ずるにあたり、まず第1章ではコレコレこういうことを論じます。次いで第2章ではコレコレこういうことに触れ、最終章となる第3章ではコレコレこういうことについて述べるつもりです」というふうに、論述の手順を簡単に紹介するわけ。これによって論文を読んでくれる読者に、本論を読み進めるための心の準備をしてもらうわけですね。論文というのは元来、小難しくて読みにくいものなのですから、せめてその読みにくさを少しでも減らそうとするサービス精神が必要とされます。序章とは、畢竟《ひっきょう》、そのサービス精神の具現化なんです。

ちなみに第6章に載せた「序章」という文章は、序章の具体例としても読めますので、ここでもう一度、この文章を読み直してみることをおすすめしておきます。「テーマの設定」「テーマに含まれる問題点の指摘」「論の進め方の提示」の3項目が、それぞれちゃんと押さえられているはずです。

Q：その他、論文の構成に関し、注意することはありますか？

A：二つあります。

一つは**各章の締めくくり方**です。

ゼミ生の卒論を添削していてしばしば思うのは、皆、各章の締めくくり方が下手だなあ、ということです。要するに、非常にそっけない終わり方をするんですね。「以上述べてきたように、本章ではコレコレこういうことがわかりました」で終わってしまう。こんなそっけない終わり方をされたのでは、論文の読者の側としても、そっけなく「あ、そう」

と言いたくなってしまいます。

続きもののテレビドラマの終わり方を思い起こしてください。ドラマが盛り上がり、見ている側が「え〜！　この先どうなるの〜！」と身を乗り出したところを見計らったかのようにそこで区切って、「不遜な笑みを浮かべる本妻の真意は？　追手は迫る！　道ならぬ恋に身をやつす二人の運命やいかに⁉　この続きは次週！　お楽しみに〜！」というような予告編が出るでしょう？　だからこそ、つい「ぜひ来週も見なくては！」と思うわけではないですか。論文もそれと同じです。一つの章を終えるときには、読者に「次の章も読みたい！」と思わせるように書くことを心がけなくてはなりません。

ですから、「本章ではコレコレこういうことがわかりました」で終わるのではなく、「……しかし、このことに関してはまだコレコレこういう問題が残っており、ひいてはコレコレこういう事態が生じかねない。はたしてこの状況に対して、○○はどのような対応をしてきたのだろうか。これらの点については、次章で詳しく論じていくつもりである」というように、読者の興味を惹きつけ、次の章を続けて読みたくなるように仕向ける形で各章の最後の部分をまとめるようにしてください。そうすることによって一つの章が次の章へ有機的につながっていき、最終的に論文全体が一つにまとまるのです。

トランペット型の締めくくり

さて、もう一点アドバイスしておきたいのは、「結論」の書き方のコツ。つまり、**論文全体の締めくくり方**ですね。

これはどのような形の学術論文にも当てはまることなのですが、論文には理想的な形があります。それは**「トランペット型」**といわれるものです。

「論文」と「トランペット」にどんなつながりがあるの？　そう思われたあなた。まずは頭の中にトランペットの形を思い描いてください。マウスピース（＝吹き口）があって、そこから伸びた管がぐるぐると渦を巻き、最終的に「ラッパ型」に大きく広がった開口部へと続いているでしょう？　このトランペットの形、これこそが理想的な論文の形であるといわれているんですね。

もう少し具体的にいいますと、まずトランペットでいうマウスピースの部分が、論文でいえば「序章」にあたります。先にも述べたように、ここには「テーマの設定」だとか「テーマに含まれる問題点の指摘」、あるいは「論の進め方の提示」などがあれこれと書かれていて、いわば良い意味で大風呂敷を広げたようになっている。だからトランペットのマウスピースのように、ちょっと膨らんでいるのです。

その次に本論が続くわけですが、本論というのは紆余曲折を備えた一つのストーリーですから、そのストーリーが展開する中で右へ曲がったり左へ曲がったりする。ここがトランペットの「グルグルした部分」ですね。グルグルはしているけれど、最初から最後まで一本の管であることは、ちょうど一つの論文が終始一貫して一つのテーマを追い続けるのと同じです。

このようなトランペットと論文のアナロジーを押し進めていきますと、最後の最後、ラッパ型に広がった大きな開口部にあたるのが、論文の構成でいえば結論部、ということになるでしょう。

この大きく広がっているところが重要なんです。つまり、理想をいえば、の話ですが、論文の結論部は、論文の入り口の部分よりも大きくなっていなければならないということですね。

このことを論争型論文を例に考えてみましょう。本書第1章で説明したように、論争型論文では一つの問題に関して「A」という考え方と「B」という考え方の二つが同時に成立していて、論者はこの二つのどちらがより妥当といえるのかを考察していく形になるのでしたね。ですから、もし最終的に「Aのほうがより妥当である」とか、逆に「Bのほうがより妥当である」という結論に至ったのであるならば、それはある意味、最初から予想された結論といえます。つまり、はじめに問題を設定した時点と比べて、さほど視野が広がっていないわけです。

しかし、「AかBか」を巡って、いろいろな人の意見を参考にしたり、さまざまな資料を使いながら考察したりしているうちに、「これはAかBかという問題ではない。Cという考え方もあり得る」という結論に至ることだってあるはず。この場合、Cという考え方は、問題を設定した当初には想定できなかった予想外の結論であり、それは問題設定時点よりも大きな視野を得て初めて到達できた結論であるはずで、それだけ一層エキサイティングな回答ということになります。

これです。「入り口よりも大きく広がったラッパ型開口部のような結論」というのは。

もちろん、これは理想的な形のことをいっているので、いつもこのような望ましい結論に至ることができるとはかぎりません。いろいろ論じてきたけれど、やっぱり当初予想したとおりの結論しか出なかった、ということもあるでしょう。しかし、曲がりなりにもさまざまな資料を手掛かりに長々と考察を進めてきたわけですから、その過程で多少なりとも当初予想していなかった新しい発見があったり、その発見に伴って新たな問題点を見出したりすることがあるはず。そのような新たに得られた認識を、当初設定した問題への回答につけ加え、より高い次元の回答をすることを目指せば、それは必ずや「入り口よりも大きな出口」となり、論文の最後を飾ってトランペットのように高らかに鳴り響くはず。

ですから本論を書き終え、いよいよ「結論」を書く段になったら、「入り口よりも大きな出口」ということを思い出し、最初に設定した問題提起に対して回答するだけでなく、論文執筆作業を通して得ることのできた高い次元の認識を示したり、その時点で明らかになった問題点を新たに読者に問いかけたりするなどして、できるだけ堂々と、自信たっぷりに、「大きく広がった結論」を歌い上げるようにしてください。

論文にせよ何にせよ、「終わり良ければすべて良し」なのです。

コーヒーブレイク7　重なり合う卒論

先に「卒論で耳学問」と銘打って、印象的な卒論を二つほど紹介しましたが、ここでもう一つ、私のゼミ生が書いた興味深い卒論をご紹介しましょう。

肥満の文化学

彼女の卒論のテーマは、ずばり「肥満」。日本でも「メタボ」などという言葉が定着するほど肥満に対する意識は高まっていますが、肥満の程度を示す指標の一つである「BMI」（ボディマス指数）の数値でアメリカ人の肥満率を調べると、ほとんど3人に1人（別な統計では2人に1人！）が肥満と見なされてしまうほど、アメリカでは肥満は大きな社会問題になっている。ならば「肥満」という問題を切り口にしてアメリカ社会を云々《うんぬん》してみたら何かおもしろいことが見えてくるのではないか？　と、まあ、そういうことを考えてみたわけです。

そこでそのゼミ生は、まずアメリカにおける肥満の原因をいろいろ探ってみたわけですが、その結果、アメリカ人の肥満化にはさまざまな要因があることがわかってきた。

たとえばその一つとして「豊か過ぎる食生活」が挙げられます。これは誰でも容易に想像がつくことですが、統計的に見ても、アメリカ人の平均摂取カロリーは年々確実に増えており、その一方、１９５０年代にテレビが普及して以来、アメリカ人の運動量は一貫して減る傾向にありますから、これがエネルギーの摂取と消費のバランスを崩し、肥満を生む大きな要因になっていると。

またちょっとおもしろいのは、タバコと肥満の関係です。実はタバコの消費量と肥満の増加には関連性があって、一般にタバコの消費量が減ると、肥満した人が増える傾向がある。近年の健康ブームの影響からアメリカにおいても喫煙者の割合が減りつつありますが、喫煙習慣のあった人がタバコをやめると、これが食欲の増進を引き起こし、その結果肥満してしまうというのです。これはタバコの害と肥満の害のどちらを選ぶかということですから、なかなかやっかいな問題ではあります。

しかし、数ある肥満要因の中でも一番やっかいなのが「社会階層」という要因。統計的に見ると明らかなのですが、アメリカの富裕層と貧困層では、貧困層の人々のほうが圧倒的に肥満傾向にあるんですね。事実、ニューヨークのある地域に住む女性を対象にして調べた調査では、富裕層の女性ではわずか5％の人が肥満と認定されるに過ぎないのに対し、中流層では16％、貧困層では30％の女性が肥満と認定されていて、そこには明らかに有意な相関がみられる。

では、どうしてそういう結果になるかというと、これにもさまざまな理由がありまして、たとえば富裕層の人々が栄養バランスのとれた食事を適量摂《と》っているのに対し、貧困層の人々は糖分や脂肪分の多いジャンクフードに依存しがちであることもその一つ。また前者がスポーツ・ジムに通うだけの時間も資力もあるのに対し、後者にはそれだけの余裕がない、ということもあるでしょう。しかし、原因はともあれ、社会階層が下になればなるほど肥満率が高まるという事実は厳然として存在する。

しかもこのことに関して一番大きな問題点は、「逆もまた真」というところにあります。つまり「貧困が肥満を生む」のと同時に、「肥満が貧困を生む」という側面もあるというのです。少なくともある時代まで、アメリカでは肥満している人に対して非常に強い偏見があり、その偏見ゆえに、たとえば就職や昇進の際などで常に不利な扱いを受けてきた。それゆえ、太っているがゆえに収入が少なくなり、収入が少ないゆえにさらに太ってしまうという、負のスパイラルに巻き込まれてしまうんです。

肥満した人への偏見

で、この卒論では「アメリカにおいて肥満している人がどのような偏見を受けるか」について調べるために行われたさまざまな実験を紹介しているのですが、これがなかなかおもしろい。

たとえばこういう実験があります。まず被験者の女性に「ファット・スーツ」なる特殊メークを施し、２５０ポンド（約１１３キロ）ほどの肥満体にして１週間生活してもらうんですね。で、実際にこのファット・スーツを身にまとって町を歩くと、いったいどういうことになるか。被験者の女性は、行く先々で人々からの好奇の視線を浴び、バスや電車では彼女の隣に座る人がなく、ときにはあからさまな罵声を浴びることもあったそうです。しかもそうした嫌な思いは、家の外ばかりでなく、家の中でも感じられたのだそうで、彼女の夫も彼女に対して急に冷たくなり、彼女の子どもたちでさえも「友人に笑われるから学校への送り迎えには来ないでくれ」と言い出すなど、家庭生活にも支障をきたすようになってしまったのだとか。もちろん彼女の場合、１週間の実験期間が過ぎ、ファット・スーツを脱ぎさえすれば元の生活に戻れるわけですが、実際に肥満している人たちは、周囲の人々から向けられるこうしたネガティヴな反応の中にずっと身を置いているのです。

アメリカ社会に蔓延する「肥満者に対する偏見」がもっと明確になる実験もあります。これは全米各地に住む10歳から11歳の子どもを対象にした実験なのですが、その年齢のアメリカ人の子どもたちに「松葉杖をついている」「車椅子に乗っている」「顔が歪んでいる」「片腕がない」など、さまざまなハンディキャップを持った子どもたちの絵を見せ、それと併せて「肥満した子ども」の絵も見せて、「この中で友達になりたくない子は誰ですか？」と尋ねてみたというのです。で、このような形で「肥満した子ども」がどの程度嫌われるものかを調べたところ、なんと、「肥満した子ども」は他のハンディキャップを背負った子どもたち以上に嫌われる可能性が高いことが判明したと。

この実験、非常に趣味が悪く、また倫理的にも問題の多いものだと思いますが、それにしてもこの実験により、アメリカでは肥満者に対する偏見が、若年層の間にすら確固として存在していることが明らかになったといえるでしょう。

立ち上がる肥満者たち

肥満しているがゆえに子どものときから強い偏見を受け続け、そのことで外向性や積極性を失い、社会に出ても出世・昇進の道を閉ざされて低所得の状態に陥り、それによってさらに肥満してしまうという負のスパイラル。ではこのスパイラルを、アメリカの肥満者たちはいかにして断ち切ろうとしてきたのか。私のゼミ生がこの卒論の中で最も注目したのは、まさにこの点でした。

それによると、アメリカにおける肥満の問題に関して、１９６０年代末から１９７０年代初頭にかけて、一つの大きな転機があった、というのです。

その一つとして、NAAFA（National Association to Advance Fat Acceptance）という団体の設立があります。1969年にビル・ファブリーなる人物によって設立されたこの肥満者支援団体は、「体型に対する世間の偏見との対決」「偏見根絶のための教育活動への支援」「肥満者への各種サポート」を3つの柱とし、肥満者が肥満していることを理由に不愉快な思いをしなくなるよう、アメリカ社会を変えていくことを目指しているのですが、その実際の活動がまた多岐にわたっており、肥満者への偏見をなくすためのパンフレットの発行はもちろんのこと、病院などの公共施設のロビーに肘掛けのない椅子を置くよう当該の施設に働きかける、なんてことも行っているのだとか。肥満した人が大勢の人の好奇の視線の中で大きなお尻を狭い肘掛け椅子に押し込む気まずさをなくそうというわけですが、こういう徹底したプラグマティズムもまた、実にアメリカらしいところといえるでしょう。

しかし、NAAFAが最も力を入れたのは、肥満者に対する根源的な誤解の排除です。アメリカでは従来、肥満している人は、自らの怠慢により太っているのだと信じられてきたところがありました。それゆえ心臓病や動脈硬化、あるいは糖尿病など、肥満しているがゆえの健康リスクも自ら招いたことと見なされてしまい、健康保険に加入するにしても、肥満した人は通常の体型の人よりも不利な条件での契約しか結べなかった。そこでN

ＡＡＦＡは最新の医学的知見も引用しながら、「太っている人は、必ずしも食習慣が間違っているから、あるいは意志が弱く、だらしがないから太っているのではない」ということを世間に認知させるための活動を積極的に行ったんですね。先天的に肥満しがちな体質の人もいるし、元来太っている状態で健康な人もいる。つまり何が正常で何が異常かは一般論としては決められないということを、あらゆる機会を捉えて主張し続けたわけ。

で、そんなＮＡＡＦＡの盛んな啓蒙活動の甲斐もあってか、１９７０年代に入ってから、「肥満体型であっても、それはそれでいいではないか」という考え方が、次第にアメリカ社会の中に浸透していくんです。「人それぞれなんだから、肥満した人は肥満した人なりにステキなのであって、何もスリムな人ばかりがカッコいいのではない」という肥満肯定の考え方が定着してきたんですね。

で、この考え方がアメリカ社会に浸透するにつれ、一つ、おもしろい傾向が生まれてきます。大きなサイズの洋服のバラエティを増やそう、という動きが服飾業界の中に出始めるんです。

それ以前のアメリカでは、「肥満した人は痩せる努力をすべきだ」と考えられていましたから、肥満した人のための大きめサイズの服のことなんてあまり考えられていなかった。ですから肥満した人に似合うカッコいい服がない状態がずっと続いていたんです。しかし

「太った人もステキ」と見なされるようになった以上、そういう人がスリムな人と同じようにお洒落《しゃれ》を楽しむことができないのはおかしい、という考え方が出てくるのは当然で、「Lサイズ」をとおり越した「XLサイズ」、いやそれどころか「XXLサイズ」や「XXXLサイズ」といった超デカサイズのカッコいい服がどんどん生産されるようになる。誤った考え方を正すとなったら、こういう枝葉末節のところまで徹底的に正す——これが、アメリカ流なんですね。

1970年代の大転換

とまあ、この卒論は、1970年代初頭のアメリカにおいて、「肥満」にまつわる社会通念に大転換が生じたということを検証しているのですが……、このあたりまで読んできて、何かお気づきのことはありませんか？　「あれ？　また？」というような既視感にとらわれませんか？

そう、「1970年（代）」というキーワードです。

先に『セサミストリート』に関する卒論を紹介した際、黒人家庭の教育の質を上げるためにテレビを活用するアイディアが実行に移されたのが1969年の末だったということを述べ、またバービー人形に関する卒論に言及したときに、フェミニストたちがこの人形を男女同権のシンボルとして称揚し始めたのが1970年代であったことに触れました。さらにホームスクールのことを扱った卒論を紹介したとき、それまで違法行為と見なされていたホームスクールが、公教育と並ぶもう一つのオプションとして世間的に認知されるようになってきたのが1970年代である、と述べました。これらのことを、先に述べた「肥満」に対する社会通念の大転換のことと併せて考えると、どうやらアメリカにおいて1970年代という時代は、既成の価値観がもたらしていたある種の弊害を、一気に修正してしまおうとする気運に満ち溢れた、非常に革新的な時代だったのではないかという仮説が浮かんでこないでしょうか。

しかしその一方、「コーヒーブレイク1」でご紹介した「バッキ事件」の例や、あるいは「コーヒーブレイク6」で紹介した「ゲーテッド・コミュニティ」の出現のことを考えると、同じ1970年代に保守反動の波が起きていたことも事実。

つまり、一方では大きな革新の波が押し寄せ、社会のさまざまな面で旧来のものの見方が大幅に修正された一方、そうした急激な改革を嫌う保守勢力が、反動・反革新の動きに打って出た、そういう「揺れ」の大きい時代、それがアメリカの1970年代だったのではないか……。

一つの卒論が扱うテーマは小さなものですし、その卒論が論じ切れる範囲は限られています。「肥満」についての卒論にしても、彼女が論じたのは、あくまでアメリカにおいて太った人たちがどのように扱われ、また彼ら／彼女らがこうした世間の目に対していかに反撃してきたか、という軌跡です。

しかし、このような卒論がいくつか集まり、それらが互いに重なり合うと、その重なり合ったところからアメリカについての新たな認識が、それもスケールの大きな認識が生じてくる。そしてその大きな認識の上に立ってみると、逆に個々の卒論が追究しているテーマの意味もさらによくわかってくる。

私にとって論文指導の楽しみの一つは、個々のゼミ生の卒論作成をサポートしているうちに、期せずしてこのような大きな認識を得られることであり、またその認識をゼミ生たちにフィードバックできること、なのです。

第8章　卒論「べからず」集

さて、「フロー・チャート」もしっかり組み上がり、構成も決まり、難関だった「書き出し」も乗り越え、今や順調に論文の執筆が進み始めたあなた。しかし、これで安心してはいけません。論文執筆には、まだまだ初心者が必ずといっていいほど陥る落とし穴がいくつも口を開けているのです。

本章では、そんな落とし穴の情報をいくつか事前に提供し、みなさんがその穴に落ちるのを未然に防ぐ方策を伝授していきましょう。

落とし穴①長いパラグラフ

私のゼミ生たちの卒論原稿を添削する度にいつも最初に感じるのは、「パラグラフ（＝段落）が長い！」ということです。これはもう毎年ほぼ例外なく、どのゼミ生の原稿を見ても一つひとつの段落がやたらに長い。長いどころか、ほとんど1ページ丸ごと一つのパラグラフだったりする例も少なくありません。つまり、「長いパラグラフ」は、論文を書き始めたばかりの初心者が必ずはまる落とし穴なんですね。

例として、以下に示す一文をご覧ください。

> 赤字続きであった『ヴォーグ』を立ち直らせるために、社主のコンデ・ナストは週

刊であった『ヴォーグ』を隔週刊に変えた。これは編集の期間を延ばすことによって質の向上を図るという狙いである。さらにナストは最高のデザイナー、最高のアーティストを並べ立てることによって富裕層を惹きつけるという改革をした。ナストはパリ・モードに目をつけ、1895年から『ヴォーグ』に勤めていたベテラン・エディターであり、時の編集長でもあったエドナ・ウルマン・チェイス（Edna Woolman Chase）と共に1914年、パリに飛んだ。二人はパリの有名クチュリエ（男性の婦人服デザイナー）を回り、『ヴォーグ』に載ったモードが次の流行になると説得、これらのクチュリエと提携を結んだ。その中でパリの一流モード誌『ラ・ガゼット・デュ・ボン・トン』（*La Gazette du Bon Ton*）の編集長とも知己の間柄となり、その雑誌が経営的に行き詰まった1921年、ナストは同出版社を専属画家ごと買い取り、彼らを『ヴォーグ』のイラストレーターとして起用した。現代の感覚ではファッション雑誌といえば写真雑誌以外の何ものでもないが、20世紀初めのファッション雑誌に写真が使われることはあまりなかった。当時はイラストによってファッションを紹介するものが中心であったので、画家の存在がファッション雑誌にとって非常に重要であったわけである。とりわけナストの気に入ったのがジョルジュ・ルパプ（Georges Lepape）という画家で、彼のイラストレーションは何度も『ヴォーグ』の表紙を飾ることとなる。

（以下略）

これはファッション誌として名高い『ヴォーグ』の革新性を論ずる、というテーマで卒論を書いたあるゼミ生の初期草稿の中から任意の箇所を引用したものですが、このパラグラフだけでもう17行を超えています。これは一つのパラグラフとしては長過ぎです。で、その長いパラグラフをつらつら読み進めると、一つのパラグラフの中に異なる話題が3つも4つも出てくる。この例でいえば、「『ヴォーグ』が隔週刊になった」「社主のナストがパリのモード界とコネをつけた」「『ボン・トン』誌を買収した」「その結果、ジョルジュ・ルパプという人物が『ヴォーグ』の代表的イラストレーターになった」という4つの話題が出てきますが、これらはそれぞれ独立したパラグラフを形成しても良さそうな話題ばかり。

気持ちはわかります。書きたいことがいろいろあって、ついつい書き急いでしまうのでしょう。しかし、**一つのパラグラフの中には、原則、一つの話題しか出さない**というのが論文執筆の基本ですから、こういう書き方はあまりよろしくないんですね。

しかし、この落とし穴への対処の仕方は非常に簡単です。「一つのパラグラフは平均で6～8行、長くてもせいぜい10行までで、それ以上になったら二つに切る」というルールを頭の中に入れておけばいいんです。その程度の長さをあらかじめ設定しておけば、複数のトピックを一つのパラグラフに盛り込むことが難しくなるので、自然と「1パラグラフ・1トピック」の原則が守られることになり、その結果、読みやすい文章になります。試しに先の例を、この原則の下に書き直してみると、こんな感じになるのではないでしょうか。

赤字続きであった『ヴォーグ』を立ち直らせるために、社主であるコンデ・ナストはいくつかの大掛かりな改革を行った。その一つはもともと週刊であった『ヴォーグ』を隔週刊に変えたことである。これは編集の期間を延ばすことによって質の向上を図るという狙いである。

また質の向上についてさらにいえば、ナストはパリのモード界との提携を通じて誌面の刷新を試みている。パリで活躍する一流デザイナーの作品を『ヴォーグ』の誌面で紹介することによって、富裕層の読者を惹きつけることができると考えたのである。そこで彼は『ヴォーグ』のベテラン・エディターであり、時の編集長であったエドナ・ウルマン・チェイス（Edna Woolman Chase）と共に1914年、パリに飛んだ。二人はパリの有名クチュリエを回り、『ヴォーグ』に載ったモードが次の流行になると説得、これらのクチュリエと提携を結ぶことに成功する。

さらにこの時、パリの一流モード誌『ラ・ガゼット・デュ・ボン・トン』（*La Gazette du Bon Ton*）の編集長と知己の間柄となったことも、ナストにとっては大きな意義を持つことになった。というのも、その後『ボン・トン』誌は１９２１年に経営的に行き詰まり、ナストはこの雑誌を買収することになったからである。これによってナストは『ボン・トン』誌専属の優秀なイラストレーターたちを『ヴォーグ』のイラストレーターとして使うことができるようになった。

現代の感覚では、ファッション雑誌といえば写真雑誌以外の何ものでもないが、20世紀初めのファッション雑誌に写真が使われることはあまりなかった。当時、最新のファッションというのはイラストによって紹介されるものであり、画家の存在がファッション雑誌にとって非常に重要だったのである。それゆえ、パリの一流モード誌であった『ボン・トン』のイラストレーターを自社の専属にしたことは、『ヴォーグ』の誌面を充実させるうえで非常に大きな利点となった。とりわけナストの気に入ったのがジョルジュ・ルパプ（Georges Lepape）という画家で、彼のイラストレーションは以後何度も『ヴォーグ』の表紙を飾ることとなる。

なるべく原文の持ち味を活かすようにしながら、もともと一つのパラグラフだったもののを4つのパラグラフに分けてみましたが、いかがでしょう。パラグラフをこのくらいの長さに小分けすることで、取り上げるべきトピックも4つのパラグラフのそれぞれに分散し、結果的に随分読みやすくなったのではないでしょうか。

とにかく、一つのパラグラフの長さが10行を超えるようになったら、「アレ？　ちょっと長過ぎるかな……」と疑ってみてください。そういう癖をつけると、それだけで論文執筆に関する最初の初歩的な落とし穴を回避できるはずですよ。

落とし穴②時間の流れをごちゃごちゃにする

落とし穴の二つ目は、「時間の流れをごちゃごちゃにする」です。

よほどのテクニシャンが意図的に時間の流れを無視した書き方をする場合ならいざ知らず、初心者が論文を書く場合、とりあえずは時間の流れに素直に従った書き方をするのが無難です。つまり、できるかぎり「古いことから、新しいことへ」となるように書く、ということですね。

ところが、ゼミ生たちの卒論草稿を見ると、この基本的なルールを守らず、最近のことを書いた後でまた昔の話に逆戻りするケースが多いこと、多いこと……。

たとえば、アメリカにおけるマリファナの合法化の是非を扱った卒論を書いたゼミ生が最初に提出した草稿は、次のようなものでした。

アメリカにおける本格的なマリファナの取り締まりは**1937年**に成立した「マリファナ課税法」によって始まるのだが、それ以前にも州単位での取り締まりが実行されていた。特に西部ではその動きが早く、**1914年**にはユタ州で、**1919年**にはテキサス州で取り締まりの対象となった。西部で取り締まりの動きが早かったのは、この地にメキシコ人が多く流れ込み、マリファナ喫煙の習慣が広まっていたのを防ぐためであったといわれている。

かくして**1930年**までには西部の16州でマリファナを規制する法律が成立するのだが、マリファナを摂取したメキシコ人は必ず犯罪に走るという説明がなされただけで、取り締まりの根拠等は一切発表されなかった。ただ、**1929年**に「メキシコ人のマリファナ中毒者がアメリカ人の赤ん坊を殺害した」という内容の記事が新聞に載ったことで、マリファナは殺人草（キラーウィード）であるというイメージがこの地域に定着していった。

一方、東部ではニューヨーク市が**1914年**にマリファナを衛生条例の中の禁制薬物に加えたのが最初の取り締まりであったといわれている。ただし違反を犯した者は少額の罰金、もしくは6ヵ月以下の懲役という軽犯罪扱いであった。その後、1927年にはニューヨーク州全体がマリファナを麻薬取締法の対象とし、これがアメリカ東部におけるマリファナ禁止の先駆けとなった。つまり、それまではニューヨーク市を除くアメリカ東部ではマリファナに何の規制も加えておらず、コカインやヘロインには目を光らせていたマスコミも、マリファナには無関心であった。実際、1926年に『ニューヨーク・タイムズ』紙がパナマにおける米軍兵士の間でのマリファナの流行を報じているが、これを危険視する必要はなく、取締法を作る必要もない、という論調であった。(以下略)

ざっと読んでみると、決して読みにくい文章ではありませんが、しかし、傍線を引いた部分だけに注目すると、

1937年→1914年→1919年→1930年→1929年→1914年→1927年→1926年

となっていて、時間の流れが行ったりきたりしていることがわかります。こういう記述

は、学術論文の書き方としてはあまり褒められたものではありません。もう少し整理して、なるべく時間の流れが「古いこと→新しいこと」となるように書かなくては。試みにやってみましょう。

アメリカにおけるマリファナの取り締まりは、東部よりも西部のほうが厳しく、ユタ州では**１９１４年**から、またテキサス州では**１９１９年**から始まった。西部で取り締まりの動きが早かったのは、この地にメキシコ人が多く流れ込み、マリファナ喫煙の習慣が広まっていたのを防ぐためであったといわれている。特に**１９２９年**、「メキシコ人のマリファナ中毒者がアメリカ人の赤ん坊を殺害した」という内容の記事が新聞に載ると、マリファナは殺人草（キラーウィード）であるというイメージがこの地域に定着し、**１９３０年**までには西部の16州でマリファナを規制する法律が成立するに至った。ただ、この際、マリファナを摂取したメキシコ人は必ず犯罪に走るからという説明がなされただけで、取り締まりの根拠等は一切発表されなかった。

一方、東部ではニューヨーク市が**１９１４年**にマリファナを衛生条例の中の禁制薬物に加えたのが最初の取り締まりであった。しかし、違反を犯した者は少額の罰金、もしくは６ヵ月以下の懲役という軽犯罪扱いであり、マリファナの害をさほど重視していなかったことが窺われる。実際、コカインやヘロインには目を光らせていたマスコミも、マリファナには無関心なことが多く、**1926年**に『ニューヨーク・タイムズ』紙がパナマにおける米軍兵士の間でのマリファナの流行を報じた際も、これを危険視する必要はなく、取締法を作る必要もない、という論調であった。

が、その後次第にマリファナの害が認識され始め、**1927年**にはニューヨーク州全体がマリファナを麻薬取締法の対象とし、これがアメリカ東部における マリファナ禁止の先駆けとなった。そしてその10年後の**1937年**、ついに連邦議会で「マリファナ課税法」が成立し、マリファナは初めて全米レベルで取り締まりの対象となるのである。

先ほどの草稿と同じ内容を保ったまま、年代が「古いこと→新しいこと」となるように書き直してみましたが、いかがでしょうか。さすがに完全に年代順にすることはできませんでしたが、少なくとも、

西部に関して：1914年→1919年→1929年→1930年
東部に関して：1914年→1926年→1927年

と時系列順に並び、最後に全米レベルの話として現代に一番近い「1937年」の話題を扱っています。その分、先の文章と比べるとこちらの文章のほうが、「なるほど、こういう経緯があってこうなったのだな」ということがすんなり頭に入るはず。「時間の流れをごちゃごちゃにしないように書く」とは、要するにこういうことです。

結局、論文というのは、人に読んでもらい、内容を理解してもらって初めて価値が生じるものなのですから、できるだけ読みやすく、理解しやすいものにする必要があります。時間の流れを素直なものにすれば、それだけ読みやすさ、理解しやすさもアップするわけですから、卒論を書く際には、可能なかぎり「古いこと→新しいこと」という順番になるよう、書き方を工夫してください。それだけであなたの論文のレベルがぐっと上がること請け合いです。

落とし穴③同じことを二度（以上）繰り返す

さてさて、最後に3つ目の落とし穴を紹介しましょう。それは、「同じことを二度（以上）繰り返す」です。

論文執筆も佳境に入ってくると、自分なりに「このことはぜひ書いておきたい」ということが出てくるもの。それは論を支える重要な事実であったり、あるいは論者自身が何としても主張しておきたい意見であったりするわけですが、いずれにしても論文の「決め手」になるような文章ですね。

で、そういうものが出てくること自体は非常に良いことなのですが、ここに論文初心者が必ず陥る落とし穴が待っています。その「ぜひ書いておきたいこと」を、論文のあちこちで繰り返し書いてしまう、という落とし穴です。

明白な例を示してみましょう。以下に示すのは、「アメリカにおける死刑制度」というテーマで卒論を書いたゼミ生の初期草稿の一部です。

(前略)しかしながら私は、アメリカにおける死刑制度にはそれ以上にもっと大きな欠陥があるように思う。それはアメリカ合衆国の死刑制度の中にみられる特有の差別性だ。

アメリカの黒人に対する差別意識は古くから存在するが、それは死刑制度にも及んでいるという。黒人への人種差別、貧しいものや無知なものに対する差別的な死刑の適用が現実に存在していたことを、ブレナン、マーシャル、ダグラス、ホワイト、スチュアートの5人の判事が死刑廃止論の論拠として打ち出した。

彼らによると、統計的に見てもその数は一目瞭然であるという。1930から1945年までの間に、合衆国で2428人の犯罪者が処刑されたが、このうちの51％にあたる1253人が黒人であったという。無論、黒人と白人の人口比を考慮に入れれば、黒人の死刑執行数が白人のそれと比べて圧倒的に多いことは明らかだろう。

黒人が死刑になる場合、多くみられる典型例は、加害者が黒人で被害者が白人というケースである。その中でも、強姦による死刑は1930から1972年までの間に計455人あったが、このうちの88・8％にあたる405人が黒人であった。このように見ていくとアメリカの死刑囚の多くは学力の低い、貧しい人であり、とりわけ黒人が多いこと、また死刑の適用が黒人の多く住む南部諸州に偏っていることなどがわかる。

また、アメリカにおける強姦罪による死刑判決はその大部分が犯人は黒人、被害者が白人という決まった構図を示している。白人の女性に対して黒人の男性が関係を迫ることは、たとえ強姦ではなくてもあってはならないことだと一般的に考えられていた。古くから存在する黒人に対する差別意識はやはり至るところに根強く残っているのである。以上述べてきたことからも、アメリカにはやはり差別的な死刑適用があったといえるだろう。

さて、この草稿、第三者が読むとすぐわかると思いますが、同趣旨の内容の記述が二ヵ所に存在します。傍線を引いた二ヵ所がそれです。おそらくゼミ生としては、「死刑制度の中に人種差別が紛れ込んでいる」ということをぜひ書いておきたいと思うからこそ、その顕著な例について力説するあまり、この種の「二度書き」を犯してしまったのでしょう。しかし、これは論文を書くうえで絶対に避けるべきことです。

なぜなら、**同じことを二度繰り返したらその効果は半減、三度繰り返したら3分の1に**なるからです。論者としてぜひ書いておきたいと思うような重要な文章の効果をわざわざ減じるなど愚の骨頂。ですから、論文を書いているうちに「どうしてもこのことは書いておきたい」という事柄が出てきたら、その「伝家の宝刀」を抜くのは一度だけ、と心に決め、どうしたらその宝刀を一番効果的に抜くことができるかを考えてください。

そのような方針の下、先ほどの例を書き直してみましょうか。

> (前略)しかしながら私は、アメリカにおける死刑制度にはそれ以上にもっと大きな欠陥があるように思う。それはアメリカ合衆国の死刑制度の中にみられる特有の差別性だ。
>
> アメリカの黒人に対する差別意識は古くから存在するが、それは死刑制度にも及ん

でいるという。黒人への人種差別、貧しいものや無知なものに対する差別的な死刑の適用が現実に存在していたことを、ブレナン、マーシャル、ダグラス、ホワイト、スチュアートの5人の判事が死刑廃止論の論拠として打ち出した。

彼らによると、統計的に見てもその数は一目瞭然であるという。1930から1945年までの間に、合衆国で2428人の犯罪者が処刑されたが、このうちの51%にあたる1253人が黒人であったという。無論、黒人と白人の人口比を考慮に入れれば、黒人の死刑執行数が白人のそれと比べて圧倒的に多いことは明らかだろう。死刑の適用が黒人の多く住む南部諸州に偏っていることなどからも、そのことは窺われる。

しかし問題は、単に黒人の処刑が白人のそれに比して多い、ということだけではない。より大きな問題は、そこに人種差別に基づく報復的な要素が込められている可能性が高い、ということなのである。

事実、黒人が死刑になる場合、多くみられる典型例は、加害者が黒人で被害者が白人というケースである。中でも強姦罪による死刑判決はその大部分が犯人は黒人男性、被害者が白人女性という構図を示しており、統計によれば1930から1972年までの間に強姦罪で死刑判決を受けた計455人のうち、その88・8%にあたる405人が黒人男性であったという。このようにアメリカでは、黒人男性が白人女性に対して性犯罪を犯すことがタブー視されており、このタブーを犯した黒人に対し、比較的容易に極刑が適用される傾向が見て取れるのである。

原文を活かしながらちょっと手を入れてみましたが、オリジナルのものと比べ、論者が一番力を入れて書いている部分を一ヵ所にまとめたことで、読者へのアピールがいささかなりとも強くなったのではないでしょうか。

とにかく、「同じ趣旨のことを、違う場所で二度以上言及しない」のが論文執筆の鉄則です。決め台詞は、一度だけビシッといえばいい。そのことをしっかり心に刻み込み、論文の執筆・推敲《すいこう》のときに自分が「二度書き」の愚を犯していないかどうか、しっかりチェックしてください。

最後にもう一つ

ここまで、論文を書くうえで初心者が陥りやすい3つの落とし穴を紹介し、その対処法についても云々してきましたが、最後にもう一つだけ、論文執筆に関する「べからず」をつけ加えておきましょう。

それは何かといいますと、**「書きっぱなしにするべからず！」**です。

ゼミ生が提出してくる卒論原稿を添削していて、悲しくなってくるのが誤字・脱字・誤変換の多さ。それから表記の不統一も気になります。無論、これらはプロの論文にもしばしば見られるものですから、ある意味、仕方のないことかもしれません。しかし、仕方がないと言い切れるところまで最善を尽くしたのかどうか……。

論文に限らず、要は、自分の書いたものに責任を持つこと。そのためには草稿の段階から繰り返し推敲することが必要です。そしてその推敲作業について私自身の経験を述べますと、パソコンの画面上で自分の書いたものを推敲するのはとても難しい。やはりいったん紙の上にプリントアウトしたものに朱を入れていくのでないと、納得のいく推敲はできません。

ですから論文を書く際、ある程度の分量が書けたらそれを紙の上にプリントアウトし、できるだけ客観的な目で何度も読み直すようにしてください。原稿の中に誤字・脱字や誤変換がないことを確認し、さらに論旨の不明瞭なところはないか、言い回しがおかしいところはないか、読者に自分のいわんとしていることがちゃんと伝わる文章になっているかどうかなど、何度も何度も確認してください。**一番良いのは、自分の原稿を自分で音読することです。**音読すると、論旨の弱いところ、達意の文章になっていないところがどこかはすぐにわかります。

とにかく、書きっぱなしにせず、何度も推敲することで常に改善を加えながら、自分の論文を自分で育てること。この「育てる」という感覚を摑んだとき、あなたの論文は自ずとすばらしいものになると思いますよ。

コーヒーブレイク8　これが添削だ！

私のゼミでは、個々のゼミ生が卒論執筆に入った段階で、一斉指導から個別指導に切り替わります。テーマの決め方や資料の集め方などは一般論で通用しますが、実際の執筆となると、ゼミ生それぞれの卒論の内容によって指導の仕方も変わってくるので、個別に添削指導していく以外、他に方法がないんです。いや、ひょっとしたらあるのかもしれませんが、私には思いつかない。

ということで、毎年、夏休みを越えた頃からゼミ生たちがメール添付で次々と提出してくる卒論原稿を片端から読み、添削し、さらにコメントを付して返送する、という作業を際限なく繰り返すわけですけど、これはなかなか大変な作業です。

ですがその反面、添削作業は一連の卒論指導過程の中で最も楽しい作業でもあります。なぜならこの添削作業こそゼミ生と私の一騎討ちであって、これを通過して初めて、私はゼミ生一人ひとりの個性を知り、彼らはまた彼らで私の卒論指導の神髄を知る、というところがあるから。ときにオリジナル原稿を跡形もないまで添削したものに厳しいコメントまでつけて返送し、ゼミ生たちを凹《へこ》ますこともありますが、その次の提出のときには必ずや前回とは比べものにならないほどすばらしい原稿を送ってきて私を驚かせてくれますから、私の愛の鞭も決して無駄にはなっていないのだろうと確信しています。

そこで今回のコーヒーブレイクでは、そんな私の卒論指導の一端を、実録バージョンで掲載してみましょう。以下に示すのは、かつて私のゼミに所属し、「ディズニーと戦争」というタイトルで卒論を書こうとしていたある女子学生（通称うっちー）が最初に草稿を提出してきたときの、私の返信そのものです。まだどうやって卒論を書き出せばよいかがわからず、かなり堅い文面になっていた彼女の卒論草稿に対し、私は以下のようなアドバイスをしたわけですが、それはちょうど第6章で私が述べたことの具体例にもなっていますので、そのようなものとしてお読みいただければと思います。

【参考：うっちーのオリジナル原稿】

第1章

1 はじめに

1939年にヒトラーがポーランドに侵攻し、第2次世界大戦が勃発した。これに伴ってディズニーは収入の45％を占め、55ヵ国に映画を配給していたヨーロッパ市場を失った。よって当時のディズニー社の市場は、アメリカ、カナダ、南米に縮小されていた。

1937年に公開された『白雪姫と7人の小人』が国内でも海外でも大成功し、800万ドルの収入を得たことに気を良くしていたディズニーは、続いて『ピノキオ』『ファンタジア』『ダンボ』『バンビ』の制作に取りかかるのと同時に、映画制作を並行的に行うため、450万ドルを費やしてバーバンクのブエナヴィスタ通りに新スタジオを完成させた。しかし、1940年2月7日に公開した『ピノキオ』の制作費は最終的に260万ドルにも上り、海外収益は見込み外れ、さらに同年11月13日、ニューヨークのブロードウェイ劇場で『ファンタジア』を公開するものの、制作費に228万ドル費やしたにもかかわらず一部のマスコミに評価されただけで、観客にはまったく受けなかった。そしてディズニーは結果的に100万ドルの赤字を出すことになる。こうして慢性的な資金難が続き、ディズニーは優先株を発行することにする。1929年に社名をウォルト・ディズニー・プロダクションズに変え、名目上は株式会社になっていたものの、実際には株の60%をウォルト夫妻が、また、40%を兄のロイ夫妻が所有していた。それまで、スタジオの独立性を維持するために、劇場主や配給会社といった映画関係者などから寄せられる「株主になりたい」という申し出を断ってきたウォルトだが、経営難のため、ついにディズニー株は一株25ドルで店頭公開され、これによって350万ドルの経営資金がもたらされた。

だが、一番の問題はやはり1200人以上に膨れ上がったスタッフの人件費だった。そこでロイは1年以内に終了する見込みがないプロジェクトはすべて中止し、スタジオの一部を閉鎖し、解雇できるスタッフを解雇し、スタッフ全員の給料を引き下げることをウォルトに提案、ウォルトもこれを受け入れた。18年間社員を増やし続け、解雇することなどめったになかったディズニー・プロダクションズは、1941年の春から経費と人員を削り始める。（以下略）

草稿に対するコメントと添削

（前略）……だいたい、うっちーは論文というものを難しく捉えているからいけないんだよね。論文なんてせいぜい「根拠のあるゴシップ」だと思えばいい。ゴシップである以上、自分にとっても、読ませる相手にとっても、おもしろいものでなくてはならない。自分でおもしろいと思わない話を友達にしようとは思わないだろう?

それからゴシップなんだから、話の切り出し方というものがある。誰かの噂話をするとき、うっちーならどう切り出す?「ねえねえ、聞いて!」だろう?

ねえねえ、聞いて！　すごい話聞いちゃったのよ！　教職科目を一緒にとってたA子っていたでしょ。あの子さあ、この前まで一コ上の先輩のBさんと付き合ってたけど、それがもう別れたらしいのよ。なんか、付き合い始めてからデート代、いつもあの子のほうが払ってたんだって。それがあんまり続くんで、ちょっと頭にきてたらしいんだけど、そのBさんってのがすごいケチでさ、外食とかも全然しないんだって……

……と、まあ、こうなるわけだ。

さあ、このゴシップを分析してみよう。まず「ねえねえ、聞いて！　すごい話聞いちゃったのよ！」という部分で、これから自分がおもしろい話をすることを予告し、聞き手の注意を促したわけだ。これは重要だ。聞き手の注目をまず集めなくては、まさに「話にならん」からね。

次に「教職科目を一緒にとってたA子っていたでしょ」といっているが、この部分でこの「おもしろい話」のテーマが提示された。テーマは「A子について」だ。なるほど、知人の噂ならぜひ聞きたいもんだ。そう思っていると、次に「あの子さあ、この前まで一コ上の先輩のBさんと付き合ってたけど、それがもう別れたらしいのよ」というふうに話は進む。テーマをより細かく設定したわけだ。つまり、これは「A子」についての話題であるばかりでなく、「A子がボーイフレンドと別れた」という主題であることが明確になった。うーん、ますます興味津々だ。

次に「なんか、付き合い始めてからデート代、いつもあの子のほうが払ってたんだって。それがあんまり続くんで、ちょっと頭にきてたらしいんだけど」といっているけど、この部分で破局のきっかけが示された。事態は波乱含みだ。もう聞き手は完全に話に釣り込まれた。当然、聞き手としては、なぜこの破局が生じたのか、知りたくなる。と、次に答えが提示される。つまり「そのBさんってのがすごいケチでさ、外食とかも全然しないんだって……」という部分である。これで、コトの全貌が解き明かされた。つまり、「A子がBと別れた。その原因は、Bが極端にケチだったから」だ。女性なら誰だって、ケチな男と付き合いたくはない。だからこの結論は聞き手の大部分の人を納得させたはずだ（たぶん）。しかも、中途半端な知人の不幸となれば、蜜の味である。実に楽しいゴシップであった……。

さて、以上から明らかになったように（なったでしょ？）、要するに論文もこの調子でいけ、ということなのだ。簡単だろ？

さあ、その簡単なはずの論文、うっちーのはどうなってるかな？　と思って読むと、

　1939年にヒトラーがポーランドに侵攻し、第2次世界大戦が勃発した。これに伴ってディズニーは収入の45％を占め、55ヵ国に映画を配給していたヨーロッパ市場を失った。よって当時のディズニー社の市場は、アメリカ、カナダ、南米に縮小されていた。

……だってさ。何じゃこりゃ!?　第1章の冒頭からしてひどいね。第一、これではメインとなる話題が何なのかすらわからないじゃないか。「ヒトラーの話題」なのか、「第2次世界大戦の話題」なのか、はたまた「ディズニーの話題」なのか⁉︎　一番可能性がありそうなのは「ディズニーの話題」だが、それにしても、なんでいきなりこの話題が出てきたのか、さっぱりわからん！　先ほどのゴシップの例でいえば、いきなり友達に向かって「A子が付き合っていたB先輩の総収入のうち、交際費に回せる割合はわずかに3％である」と話し出すようなもんだ。
　それにこの切り出し方では、最初の数行読んだだけで、誰しも「この話、おもしろくなさそー」と思うだろう。実際、この後ディズニー・スタジオの労働争議の話が延々と続く

わけだが、読んでいるほうとしては、「なぜ私は、私とは無関係の会社の労働争議の話を読まされているんだ?」と思うばかりで、おもしろさが一向《いっこう》にわからない。だから読みたくなくなる。ゴシップになってないもんね。

これじゃ、ダメだ。ダメなんだぜ、うっちー。どうしたんだ、うっちー。君の話はいつもあんなにおもしろいじゃないか! なんでいつもどおりの話し方ができないんだ!

さて、さっきのゴシップのことを思い出してみよう。まず、「ねえねえ、聞いて!」だったね。だったら、論文でもそう書こう。読者の注意を促そう。以下、ちょっと僕の流儀で書き出しのところを書き直してみたぞ。

第1章

1 はじめに

今日、「ディズニー」という映画会社の存在を知らない人はあるまい。言わずと知れたアメリカの映画会社であり、『白雪姫』『ダンボ』『ジャングル・ブック』など、特にその優れたアニメ作品によってアメリカのみならず、世界中の子どもたちに愛と希望に溢れた夢のひと時を提供してきた。

しかし、表向きクリーンでヒューマニスティックなイメージを持つディズニー社は、第2次世界大戦中、アメリカ政府の要請を受け、軍の訓練用映画や戦時国債宣伝用映画を作っていたばかりでなく、たとえばヒトラーを揶揄《やゆ》するプロパガンダ映画を作るなどして、国民の戦意高揚を図ったり、あるいは当時の戦艦優位の常識を覆すように、空軍の軍事力を喧伝する映画『空軍力の勝利』を制作するなどして、軍事的な戦略にまで関わっていた。

一見戦争とは無関係に見えるディズニー社が、いったいなぜこれほどまでに戦争に関わっていたのだろうか。本論では、この謎にさまざまな角度から迫ってみたいと思う。


……とまあ、ちょこっと書き出してみたが、どうだい？　ちゃんとゴシップになっているだろう？　「ねえねえ、聞いて。ほら、ディズニーちゃんって知ってるでしょ？　ほら、お隣に住んでるカワイ子ちゃんよ。あの子さあ、あんなカワイイ顔してるくせに、案外やり手らしいわよー」。ほら、みんな話に食いついたぞ!!　ディズニーだけに、これがホントの「ダンボ耳」だ。

とにかく、こんなふうに冒頭を作っておいて、まず自分がこの論文で何をやろうとしているのか、はっきりさせよう。

さて、問題は次だ。冒頭で掲げた目標をどういうふうに達成していくか。ここが料理人の腕の見せどころだ。

もちろん、ここでディズニー社の労働争議を持ってきても意味がない。だから論文の構成をまるきり変えよう。で、うっちーは何を最初にしゃべりたい？　さあ、これが論文だなんて思わないで、友達にゴシップとしてしゃべるつもりになって考えよう。

ま、それはそっちで考えてもらうとして、参考までに、僕だったらどうするか、考えてみよう。前に提出してもらった「卒論執筆計画」を見るかぎり、とりあえずおもしろそうなのは南米の話だなあ。ディズニーが南米に関わりを持っていたという話は、あまり世間に知られていないだろうし、その理由がナチス・ドイツのこの地域への影響力を防ぐためだった、というのも意外性があっておもしろい。ゴシップなんだから、自分で「おもしろい」と思うことを読者に伝えなきゃね。

しかーし！　いきなり南米の話を持ち出しても、読者の側の心の準備が足りない。まずは、もう少しディズニーのことを予備知識として読者に伝えておこう。

というわけで、先ほど書いた「第1章」の冒頭部分につなげる形で、新たに節を立てよう。節のネーミングは重要だぜ。読者が興味を持つようなネーミングにしなきゃ。さしずめ「2　ミッキー、南米に行く」かな？「2　ドナルド、南へ」でもいい。それとも「2　ダンボ　南米訪問」とするか？　ま、そんな感じということで……。

2 ミッキー、南米に行く

本論で取り上げる「ディズニー社」は、創立者のウォルト・ディズニーが兄のロイの協力を得て、１９２３年に設立した映画制作会社である。１９３１年に短編映画 *Flowers and Trees* で最初のオスカーを取って以来、８回連続受賞を含め、アカデミー賞を32度受賞するなど、ウォルト・ディズニー、及びディズニー社のアメリカ映画界における評価は非常に高い。

そのディズニー社が映画制作会社として大発展をする契機となった作品が１９３７年に封切られた『白雪姫と7人の小人』である。この作品は国内ばかりでなく海外でも好評で、その収益は８００万ドルにも上ったといわれている。この作品の成功により、ディズニー社は潤沢な資金を獲得することとなり、その結果４５０万ドルを費やして、バーバンクのブエナヴィスタ通りに新スタジオを設立することが可能になった。

しかし、続いて制作された『ピノキオ』『ファンタジア』『ダンボ』『バンビ』では期待したほどの収益が上げられず、海外収益も見込み外れに終わり、結局これらの映画制作を通じて100万ドルにも及ぶ赤字を出すことになる。ディズニー社は一転して資金難に陥り、それまで頑《かたくな》に守っていた方針を変更して、株式公開せざるを得なくなってしまった。

しかもディズニー社にとって災難は続いた。1939年、ヒトラーによるポーランド侵攻を機に第2次世界大戦が勃発すると、ディズニー映画のヨーロッパ諸国での公開が難しくなってしまったのである。これによりディズニー社は、それまで収益の45%を占めていたヨーロッパ市場を失うことになった。さらに追い打ちをかけるように、社内での労働争議が激しくなり、1941年にはスタジオ内でストライキが生じる事態にもなっている。

かくして、これら一連の逆風の中、ディズニー社は国内及びヨーロッパでの市場競争力を失いつつあった。だが、そんな試練の時にあって、ディズニー社に一つの希望が見えてきた。国内でもヨーロッパでもない、第3の市場、すなわち、「南米」の市場である。

さあ、これでディズニー社が南米に進出する理由づけができた。これなら読者は「それで、どうなるの?」と興味を持つことだろう。

もちろん、この文章は前にうっちーから聞いたことを元に、記憶を頼りに書き上げたものだ。部分的に間違っていることも含まれているかもしれない。ただ、こんなふうに読者の興味を惹きつけながら書きなさい、ということを示すためにちょっと作文してみたわけだ。だから、仮にここで示した論の流れをそっくり使うとしても、間違っている部分は修正し、またうっちーなりに事実関係をプラスしていって、適当な肉づけをしてほしい。ただし、肉づけをする基準は、あくまで「おもしろいかどうか」だ。自分にとっても読者にとっても興味が持てそうもない労働争議の逐一を延々と書いたってしょうがないぜ。僕なら一行で済ます。

さあ、どんなもんかな? 少しは論文というものがわかったかな? じゃ、後は自分でやってごらん。次の提出に期待してるよ。

以上、卒論草稿を添削する際の私のアドバイスはだいたいこんな感じだ、というところを公開してみました。ま、厳しいところもあり、優しいところもあり(?)というところですが、とにかくこんな感じのやりとりを何回か繰り返しているうちに、どのゼミ生も論文の書き方に関し、驚くほどの進歩を見せます。先の例で俎上《そじょう》に載せた「うっちー」にしても、その後、論文の書き方に目覚めるところがあったらしく、第2次世界大戦の際、ディズニー社がいかに戦争の遂行に加担していったかを詳細に跡づけた、非常に興味深い卒論を書き上げてくれました。

かくのごとく論文というのは、あるテーマについて自分がおもしろいと思ったことを、人にもそのおもしろさが伝わるように演出して書くものなのであり、いったんそのコツさえ摑んでしまえば、後は書くことがどんどん楽しくなってくるものなのです。

第9章　注と文献目録を作る

さて、ここまでひととおり、論文の本文が書き上がったとしましょう。これまでの苦労がついに実を結んだというわけです。良かった、良かった！

しかし！　ここで喜ぶのはまだ早い。論文の本文を書き終わった後には、注と文献目録を作る作業が残っているのであります。

どのような種類の論文でもそうですが、本文だけでは論文の体《てい》を成しません。論文というのは、本文と注と文献目録が揃って初めて、「論文」と呼ばれるものとなる。注、及び文献目録というのは、それほど重要なものなのです。

ですから、論文の提出締め切り当日の朝に本文が完成したのでは絶対に間に合いません。注と文献目録を作るのは案外面倒な作業で、下手をすると二日か三日くらいは優にかかりますから、少なくともそのくらいの時間的余裕は見ておいてください。

どういうときに注をつけるか

ところで、卒論の指導をしていてゼミ生からよく尋ねられるのは、「注って、どういうときにつけるんですか？」ということです。どういうときって、そりゃ、必要なときにつければいいと思うのですが、その「必要なとき」がわからない学生が多いのが現状であるならば、やはりここで説明しておかなければなりますまい。

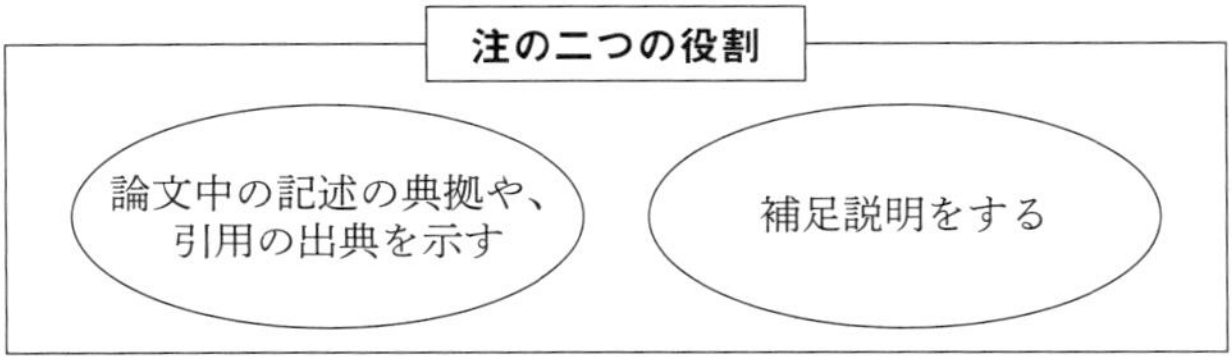
注の二つの役割
論文中の記述の典拠や、引用の出典を示す
補足説明をする

注には「論文中の記述の典拠や、引用の出典を示す」機能と、「補足説明をする」機能という二つの役割があります。

以下、両者を分けて説明していきましょう。

①論文中の記述の典拠や、引用の出典を示す場合

論文というのは、論者があるテーマについて、まずその現状や経緯を把握、次いでそこにある問題点を提起し、それについて従来どのような研究者がどのようなことをいっているかなど各種先行研究を紹介、さらにその先行研究の欠陥や見落としを指摘し、返す刀でそれらを補正するような自らの意見を主張する、というのが基本的な流れになります。しかし、あなたが書いた論文が妥当なものと判断されるためには、あなたがその論文の中で述べていることすべてについて、確認が取れるようになっていなければなりません。

あなたが「ここにこういう問題がある」と問題提起をするとき、あなた自身はどこでその問題の存在に気づいたのか。本を読んで知った

のであれば、その本は何というタイトルの本で、著者は誰で、いつどこの出版社から出版されたのか。新聞記事を読んで知ったのであれば、その記事は何新聞の何年何月何日版の何面に出ていたのか。またその問題についてあなたがさらに詳しい経緯などを調べたのであれば、それは何を見て調べたのか。過去の先行研究を紹介するのであれば、その先行研究は誰が書いたどんな論文で、その論文はどこに行けば読めるのか……。

……というように、論文なるものには、いろいろと後ろ楯となる典拠が必要なんですね。ですから、論文の執筆過程で典拠を示すべきところが出てきたら、本文に注番号をつけ、論文の末尾につける注でその典拠を明示する。これが注の一番基本的な役割といっていいでしょう。

その際、特に注意しておかなければならないのは、**剽窃**《ひょうせつ》の問題です。いうまでもないことですが、他人の著書・論文に言及したり、あるいはそこから引用したりする場合には、その部分に必ず注をつけ、出典を示す必要があります。注をつけずに他人の言説を利用し、あたかもそれが自分の見解であるように書いてしまったら、それは剽窃です。

仮に少しでも剽窃を疑われるようなことがあった場合、あなたの論文全体の信憑性がゼロになるばかりか、研究者としてのあなたの資格自体が問われます。いや、もっとはっきりいうなら、剽窃をした時点で研究者としてのあなたはもう「おしまい」です。ですから、**剽窃を疑われるようなことが絶対にないようにするためにも、引用・言及の出典は必ず注に明記すること。**まずはこのことをしっかり覚えておいてください。

②補足説明をする場合

注の役割の一番大きなものは、「私はこの情報をどこで知ったか」を明示することです。しかし、注の役割はそれだけではありません。注には「補足説明」という役割もあるのです。

本文では、論旨の流れが重要ですから、論旨を明確にすることを優先させるために、本来なら本文中に示すべき細かい事実の提示などを割愛《かつあい》せざるを得ないことがあります。そういう場合、本文を書き終えた後に、後続する注のスペースを使って補足説明をする。これもまた、注の大切な機能です。つまり、本文では大きな論の流れをシンプルに提示しておいて、その論を支える細かい事実関係などは注の中で補足説明する（こともできる）、ということですね。このようにすると、論文を適度にコンパクトに仕上げることができますし、また一般論として、コンパクトにまとまった論文のほうが、だらだらと長い論文より高く評価されるということもありますので、そういう意味でも注の補足説明機能を活用しない手はありません。

注の体裁：「尾注」と「脚注」

さて、注の機能についておおよそお伝えしたところで、次に注のつけ方や書式について、より具体的に伝授しましょう。

はじめに注の体裁についていっておきますが、注の体裁には「尾注（＝後注）」と「脚注」の二つがあります。

「尾注」とは、読んで字のごとくシッポにつける注、すなわち論文の最後（あるいは各章の最後）にまとめてリストアップする注のつけ方のことで、これに対し「脚注」というのは、これまた読んで字のごとく、各ページの脚元、つまり一番下のところに、そのページに必要な注記をするやり方のことを指します。

注記する場所が違うだけで、注記の内容は同じなのですから、どちらのやり方を採用してもかまいません。しかし、卒論では尾注の体裁にするのが普通です。ですから、後続する「コーヒーブレイク」で取り上げる例のように、脚注にしたほうが読者に対して親切だと判断される場合は別として、そうでなければとりあえず尾注を採用したほうが無難でしょう。ですからここでは尾注のつけ方を中心に解説していきます。

注番号を振り、注記する

さて、論文の中で注をつけるべき箇所が出てきたとしましょう。その場合、まずその注をつけるべき文章の終わりにアラビア数字を「上付き」にしてくっつけます。数字を「上付き」にする方法はワープロソフトによって違いますが、一般的なワードを使っている場合、「ホーム」画面の「フォント」のところに「X[2]」というボタンがありますので、上付きにしたい数字を指定した後、そのボタンをクリックすれば、その数字を上付きにすることができます。その見た目は、左に挙げた例のようになります。

……この結果、1923年から1929年にかけ、オクラホマ、フロリダ、テネシー、ミシシッピ、アーカンソーの5つの州でヒトの起源に関する進化論教育を禁止するとした反進化論法が制定されることとなった。[1]

そしてこの注番号「1」に対応する注記を、尾注の中に次のように記すわけです。

注
1　このあたりの記述に関しては、鵜浦 裕『進化論を拒む人々――現代カリフォルニアの創造論運動』（勁草書房、1998年）p.8-10を参照せよ。

ちなみに、論文を書くうえで参照したり引用したりした書物（または雑誌／新聞記事）を注記する場合、書き出すべき項目は、「著者名」『書籍のタイトル（または記事のタイトルとその記事が掲載されていた雑誌・新聞名）』「出版社名」「出版年」「該当ページ」といったところです。

先の例でも、**「著者名『書名』（出版社名、出版年）該当ページ」**の情報が、この順序で記されていますね。このような形で、あなたの論文を読んだ人が、その気になればいつでもその情報源を確認できるように必要な情報をすべて提示する、というのが注の基本的なコンセプトだと思えばいいでしょう。また最近ではインターネット上の情報を論文作成のために使うことも多いですが、その場合も自分が参考にした情報が掲載されていたサイトのURLをきちんと注記してください。

さて、「注1」の例は、「論文中の記述の典拠や、引用の出典を示す」ための注の例ですが、先に述べたように、注には「補足説明」を担う側面もあります。その場合の例を「注2」として挙げますと、こんな感じになります。

> ……ウィキペディアは、ウェブ上の「知」を結集する集合知プロジェクトに他ならない。それは、まさにH・G・ウェルズがマイクロフィルムの技術を通して夢見た

「世界百科事典」構想を彷彿とさせるものである。[2] そこで本節では、集合知の典型的事業である……

そしてこの注番号「2」を付した一文の補足説明として、尾注に次のように書き記すわけ。

注

1　……………

2　ウィキペディアの理念とウェルズが構想した「世界百科事典」の理念の間には、「非営利団体による運営」、「意見が相反する項目についての中立的立場の保持」など、多くの相似点がみられる。ウェルズについては、本論第1節「H・G・ウェルズの世界百科事典」の項を参照のこと。

ここに示した「注2」の該当部分をご覧になれば、「注を使って補足説明をする」とは具体的にはどういうことか、おおよそ摑めるのではないかと思います。

文献目録の作り方

注についての説明はこの辺にしておいて、次に「文献目録」について説明します。

文献目録というのは、「この論文を書くうえで使用したすべての資料のリスト」のことです。要するに資料リストを列挙し、「これだけの材料を使ってこの論文を書きました」と伝えるのが文献目録であると考えればいいでしょう。そうやって読者に論文執筆者の手の内を明かすわけですね。

さて、文献目録の実際の書き方ですが、注を作るときと同様、使用した資料についての正確な情報を記すことが肝要です。ただ注の場合と異なって、ページ数まで示さなくてもよい場合が大半ですし、また個々の資料に番号を振る必要もありません。

仮にその資料が書籍であるとするならば、**著者名『書名』出版社名、出版年**、といった情報をこの順序で記すことになりますし、それが雑誌記事や新聞記事であるならば、**著者名「記事の標題」『掲載誌／紙名』（紀要の場合は大学名・学部名）、出版年月日**、といった体裁になります。参考にした資料が書籍か、雑誌・新聞記事か、あるいはそれら以外のものかによって記すべき内容が若干異なってくる、ということですね。ですから先の例を一つの基準にし、後はケース・バイ・ケースで適宜応用を加えてください。

また書式についてもう一言つけ加えておきますと、文献情報の記述が2行以上にわたる場合には、2行目以降は字下げをする形になります。標準的な例を挙げるならば、おおよそ以下のような形になります。

文献目録

（和書）

井上章一『霊柩車の誕生　新版』朝日新聞出版、１９９０年。
亀井俊介監修、平石貴樹編『アメリカ　文学史・文化史の展望』松柏社、２００５年。
黒沢眞里子「19世紀アメリカにおける「田園墓地」運動——アメリカの「聖地」の創造」『アメリカ研究』（32号）、１９９８年。

……………

（洋書）

Carmack, Sharon DeBartolo. *Your Guide to Cemetery Research*. Cincinnati: Betterway Books, 2002.
Lademan, Gary. *Rest in Peace: A Cultural History of Death and the Funeral Home in*

Twentieth-Century America. New York: Oxford UP, 2003.
Grunwald, Michael. "Gateway to a New America," in *The Boston Globe*. 25 Aug., 1997, p.A1.

……………

（参考ＵＲＬ）

・アメリカの霊園とデスケア産業
web.sanin.jp/p/sousen/1/3/1/12/2/
・マウント・オーバーン霊園について
https://www.mountauburn.org/

……………

ちなみに、文献目録でリストアップする資料の順番は、著者名のあいうえお順、洋書の場合は著者名（姓、名の順）の姓のアルファベット順にするのが普通です。なおインターネット上の情報源（ＵＲＬ）は、文献資料の後にまとめて登場順にリストアップしておいてください。

さらに細かいことをいっておきますと、和書の場合、書名は二重カギカッコ（『』）で示し、雑誌記事などのタイトルは一重カギカッコ（「」）で示します。同じく洋書の場合、書名はイタリック（斜字体）で示し、書名に副題がついている場合はコロン（:）で分け、雑誌記事などのタイトルは二重クォーテーション・マーク（“ ”）で示すのが慣例となっています。

……と、いちいち細かいルールを挙げていくとキリがないのですが、文献目録の書式については、自分が利用した各種参考文献（特に学術的な専門書や大学の紀要論文など）に付されている文献目録を見て、「なるほど、こういうふうに書けばいいのか」ということを体得するのが早道だと思います。要するに、先達の例に倣い、その真似をすればいいのです。重要なのは、あなたの論文がどのような資料に基づいて書かれたものかを正確に、かつ読者にわかりやすく提示する、ということですから、そこがちゃんとしているかどうかという一点について、常に心配りをしてください。

恐るべし！　注と文献目録の危険な関係

注と文献目録については以上で説明を終えたいと思いますが、最後にこの二つにまつわる恐ろしい話を一つ、しておきましょう。

論文を審査するとき、多くの審査員は本文を読む前にまず、注と文献目録に目を通します。

なぜか？

実は注と文献目録の分量の「比率」を見ることで、その論文の内容の善し悪しが読む前からだいたいわかってしまうからです。

具体的にいいますと、仮に注の分量と文献目録の分量がかぎりなくイコールに近い場合、その論文はほぼ間違いなく良い論文です。逆に、注の分量が多いのに、文献目録の分量が少ない場合、その論文はほぼ間違いなくロクでもない論文です。

読んでもいないのに、どうしてそれが「ロクでもない論文」だとわかるのかといいますと、注の分量が多い割に文献目録の分量が少ない場合、それは「同じ本から何度も引用したり参照したりした」ことを如実に語っているからです。つまり、たくさんの資料を集める努力を怠り、数少ない資料を何度も使い回して書いた論文であることは明らかであって、一見して勉強不足であることがバレてしまう、ということですね。

一方、注の分量と文献目録の分量が同じくらい多い場合、それは論文の内容に沿って必要なときに必要な資料を一回ずつ使ったことを意味しますから、論文作成に対する真剣な取り組みが窺われます。となれば、それだけ力の入った論文が悪い出来であるはずがない。そういうことです。

ですから、なかなか実行できないことかもしれませんが、論文を書くときはなるべく本文を書きながら、同時に注と文献目録を作っていくことをおすすめします。そして時折、注と文献目録の分量的な比率をチェックし、注の分量の割に文献目録が少なかったら、「これでは勉強不足なのが一発でバレてしまう！」と思って、もう一度気合を入れ直してせっせと資料探索に励むようにしてください。

とにかく、本文を言葉巧みにうまくまとめて、パッと見、いい論文をでっち上げたとしても、注と文献目録の比率だけはごまかせないということは、よくよく心に留めておいてくださいネ。

コーヒーブレイク9　脚注の似合う卒論

本章で述べたように、卒論では尾注を採用するのが一般的ですので、特別な事情がないのであれば、論文の最後尾（または各章の末尾）に、ページを改めて、注をまとめてつけることをおすすめします。

しかし、「脚注の似合う論文」というものも稀にはあります。私のゼミでも、30年を超す卒論指導経験の中で一件だけ、尾注ではなく脚注をつけることを許した（すすめた）卒論がありました。それは「ロック・スターとアメリカ社会の変容」と題された論文で、１９４０年代のロック音楽の黎明期から現代までに登場したさまざまなミュージシャンや業界関係者を取り上げ、彼らがいかにして登場し、いかにしてスターになっていったか、また彼らの活躍の背景となった当時のアメリカ社会はいかなるものであったかということを詳細に跡づけたものです。ロック音楽というアメリカ的な文化と、それに関わった人物たちについて伝記的な事実を掘り起こしていくタイプの卒論ですから、本書第2章で取り上げた「伝記型論文」の典型ですね。

しかし、この種の伝記型論文を書く場合、テーマはできるだけ絞ったほうがいいので、

「1940年代から現代に至るまでのロック音楽の歴史を跡づける」といったような茫洋《ぼうよう》としたテーマで卒論を書きたいとゼミ生がいってきた場合、通常であれば私は却下します。が、このゼミ生に関していえば、私は迷わずゴーサインを出しました。なぜなら、彼がロック音楽をこよなく愛し、そのマニアックなオタク的知識が半端なものではないことを知っていたから。自分がそれまでに蓄積してきたロック音楽にまつわるさまざまな知識を、卒論を機に一度集大成してみたいという強い希望を彼は持っていたので、それこそが彼にふさわしい卒論テーマであることを私は疑わなかったのです。

実際、ロック音楽の黎明期（1940年代〜1950年代）から筆を起こした彼は、ボブ・ディランの登場やビートルズのアメリカ進出、あるいはその後のヒッピー・ムーブメントとの共鳴によってロック音楽なるものが社会的主張を持ち始めた1960年代を概括、さらに1970年代以降、この種の音楽がアメリカ社会に定着する反面、商業化の対象ともなり、やがて1980年代に入ると『MTV』などの音楽番組の登場によって一般大衆に気軽に消費される音楽ジャンルになっていく、そうした一連のロック音楽の歴史を、微に入り細を穿《うが》ちながら嬉々として書き綴り、しかもその記述のレベルはそのまま『アメリカ・ロック音楽史』として出版できるのではないか、というほどのものでした。

が、そんなふうに順調に書き進められていったこの卒論に関し、唯一問題となったのは、このような詳細な歴史的記述を行うにあたって、膨大な量の注をつける必要が生じてしまったことです。

たとえばこの卒論のごく最初のほうに「ロックンロールが誕生する1950年以前のアメリカで、大衆音楽の主流をなしていたのは、ティン・パン・アレーから生まれた白人のポップスだった」という一文がある。当然、「ティン・パン・アレー」とは何か、その一風変わった名前の由来は何か、どのような傾向の曲が多かったのか、といった諸点についての解説が続くわけですが、我がゼミ生クンとしては、それ以上のこと、つまりティン・パン・アレーに関わりの深かったレコード会社の社名であるとか、代表的な作曲者名、さらには代表的歌手の名前まで記しておきたいというマニアックな欲求があった。

そこで、そのあたりの細かい記述については、思い切ってすべて注に任せることにしたんですね。かくして「六大レーベルとは、コロムビア、RCAビクター、デッカ、キャピトル、MGM、マーキュリーの各社を指す」とか、「ティン・パン・アレーの代表的な作曲家としては、『煙が目にしみる』のジェローム・カーン、『ナイト・アンド・デイ』のコール・ポーター、『ホワイト・クリスマス』のアーヴィング・バーリン、『アイ・ガット・リズム』や『ラプソディ・イン・ブルー』のジョージ・ガーシュインなどが有名。また代表的な歌手としては、フランク・シナトラ、エディ・キャンター、ビング・クロスビー、ケイト・スミスなどが挙げられる」といった注が次々に書かれていったわけ。
以下同じ調子で、本文に『アメリカン・バンドスタンド』というテレビ番組の話題が登場すれば、その注として、

アメリカン・バンドスタンドとは1952年から1989年までテレビ放送されたティーン・エイジャー向け音楽バラエティ番組。音楽の紹介や、歌に合わせて若者が踊る模様を中心に放送。放送開始当初は『Bandstand』という名のローカル放送だったが、1956年からスーツにネクタイといった清楚な服装のディック・クラークを司会者に迎えて人気を博し、1957年から全米ネットでの放送が開始された。ダンスのステップを紹介するなど、ポピュラー・ミュージックの新しい道を開いたが、番組の中で黒人の登場が避けられるなど保守的な側面を持った番組でもあった。

と記し、また黒人音楽である「リズム&ブルース」に「ロックンロール」という新名称を与え、その普及を図った点でロック音楽の歴史に名を刻むアラン・フリードという人物を紹介したくだりでは、

黒人の歌うリズム&ブルースのすべてがロックンロールのジャンルに取り込まれていったわけではない。フリードがロックンロールと呼んだのは、リズム&ブルースの中でもテンポが早く、躍動感のある楽曲に対してだけである。一方、スローテンポで哀愁に満ちたリズム&ブルースは、その後も黒人の間を中心に独自の発展を遂げていった。現在でも、音楽誌やヒット・チャート上で、「ロック」と「リズム&ブルース」をジャンル分けするのは一般的となっている。

と注記するなど、まさに注の補足説明機能を存分に活用したといっていいでしょう。

ところが、こんな調子でどんどん注記していくものですから、卒論が書き上がるに従って注の量も膨大なものになってしまったんですね。何しろロック音楽についての知識やトリヴィアの宝庫のような男ですから、それらをすべて盛り込もうと思えば、注の量が半端でないものになっていくのも当然です。

で、ここでもし注記の体裁を通常の尾注スタイルにし、論文のおしまいのところに一括してつけたらどういうことになるか。彼の卒論の読者は、論文を読む過程で膨大な量の注に出くわす度に、最後尾のページの該当部分をいちいち探し当てて読まなくてはならないのですから、これは相当に面倒臭いことになるのは目に見えています。

そこでそのあたりのことを考慮した結果、ゼミ生とも相談のうえ、彼の卒論に関しては尾注の体裁を諦《あきら》め、各ページの下方にそのページの注をつけるやり方、すなわち脚注の体裁を採用することにしたのです。これならば論文を読み進めている読者も、視線を少し下のほうに落とせば、すぐに本文に付された注を確認し、読むことができる。

注の数が多く、かつその注の内容にこそ論者の思いが詰まっているような場合には、尾注より脚注のほうがいい。そのことを、私はこのゼミ生の卒論を指導している中でつくづく実感しました。そして尾注の足枷《あしかせ》から解き放たれた彼は、ページによっては本文をはるかに凌駕する分量の脚注を思うさま書き続け、私の指導した卒論の中でも最もマニアック度の高い、優れた卒論を書き上げたのです。

第10章（補講）　アメリカ文学の論じ方

ここまで、主としてアメリカ文化を主題として文化論的な論文を書く、その方法をあれこれ伝授してきたわけですけれども、実はまだ一つだけ触れていないことがあります。それは「アメリカ文学」を主題にして論文を書く方法。何せ私の専門はアメリカ文学研究ですから、本来であればアメリカ文学の論じ方指南こそ私の最も得意とするところ。ですが、最近では私の所属大学でも文学を主題に卒論を書こうという学生さんはほとんどいないので、そのようなことを伝授してもあまり意味がないのかなと思い、ここまで自粛してきた次第。

とはいえ、以前、ブログに「アメリカ文学の論じ方」をアップしたところ、1万を超えるアクセスを記録したことがありました。そこから推すと、卒論としてかどうかは不明としても、まだまだこの世には文学を論じようという殊勝な学生さんが一定数いらっしゃるのかもしれません。そしてそういう方が悩みに悩み、切羽詰まって私のブログを訪問したのであるならば、ブログの内容をここに再録する意味も少しはあるのではないかと。

ということで、本書の最後に「補講」として、アメリカ文学の論じ方を簡単に説明しておきます。これはあくまで補講ですから、文学なんて興味ないよーという方は端折《はしょ》ってしまってもかまいません。

対象を決める

さて、さっそくアメリカ文学を論じる方法を伝授していきたいのですが、おそらくこれをお読みの方は、すでに切羽詰まっていると思いますので、「そもそも文学を論じるとは……」といったまどろっこしい前置きは全部すっ飛ばし、選択肢形式を用いてこれ以上ないというほど簡潔に説明していきますね。

ではまず、文学を論じるにあたって必要なものは何か、ということから説明しますと、文学を論じるのに必要なのは、論じる対象です。対象がなければ、論じることはできません。ですから、何はともあれ、自分は何を対象として論じるのかを決定する必要があります。

ただし文学論文における対象選びとしては、「作品」を論じるか、それとも「作家」を論じるかの選択肢があります。作品論をやるつもりなのか、それとも作家論をやるつもりなのか。これは論文の根幹にかかわる重大な選択肢になりますので、とりあえずどちらか決めてください。例を挙げるならば、

○作品論の場合

例：「J・D・サリンジャーの『ライ麦畑でつかまえて』における戦争描写」

○作家論の場合

例：「J・D・サリンジャーのユダヤ性について」

という感じになるでしょうか。

また作品論の場合ですと、一つの作品を単体で論じるか、それとも複数の作品を論じるかの選択肢があります。さらに複数の作品を論じるのであれば、同一作者による複数の作品を論じるか、それとも別の作者の作品との比較をするのかの二者択一になります。ですからこの中のどの選択肢でいくか、決めてください。端的にいえば、

○一人の作家の一つの作品を論じる場合

例：「エドガー・アラン・ポーの『アーサー・ゴードン・ピムの冒険』について」

○一人の作家の複数の作品を論じる場合

例：「アーネスト・ヘミングウェイにおける暴力：「殺し屋」と『持つと持たぬと』を中心に」

○他の作家の作品との比較をする場合

例：「アーネスト・ヘミングウェイとティム・オブライエンにおける時間概念」

どの路線でいくか、決まりましたか？　まあ、決まるも何も、ここまでのことはあらかじめ心づもりをしている人も多いでしょうから、読者のみなさんの前には論じるつもりの作品なり作家なりがすでにあるものと仮定して、話を進めていきましょう。

先行研究

さて、論じるべき対象、すなわちターゲットとなる作品ないし作家が決まれば、次に必要なものは「先行研究」です。

先行研究への言及なしで作品を論じたら、それは単なる感想文です。もちろん感想文に意味がないとはいいませんが、感想文が論文でないことも事実。論文として作品を論じるのであれば、先行研究への言及が不可欠です。ですから、論じるべき作品／作家が決まったら、その作品／作家について、他の研究者がどのような解釈をし、どのような見解を述べているか、調べておく必要があります。これは選択肢ではなくマストの課題なので、とにかく自分の手の届くかぎりたくさんの先行研究を集め、それらを読破してください。

読破しましたか？

では次。読破した先行研究の使い方ですが、その中には、あなた自身の見解に近いものと、あなた自身の見解とは異なるものがあったことでしょう。またあなた自身の見解と異なるものの中には、あなたの目から見て誤った見解もあれば、あなたが見落としていたことを指摘していたり、あるいはあなたの見解以上に優れていて、あなた自身の作品解釈をさらに豊かにしてくれたものもあったはず。

ですから先行研究の用い方には二つの選択肢があることになります。先行研究を自分の見解をサポートするために「援用」するか、あるいは、先行研究の見解を「否定」し、より優れた説として自分の見解を披露するための踏み台として使うか、そのどちらかです。前者であれば、「〇〇氏も××という研究論文の中で指摘しているように、この作品には□□な側面がある」という形で援用することになるでしょうし、後者であれば、「〇〇氏は××という研究論文の中で□□と述べているが、この見解はここまで私が述べてきたことからして的を射ているとはいえない。むしろ△△のように解釈すべきところであろう」というように、自説の正当性を明確にするために使うことになるわけです。

あらすじ

さて、あなたはすでに論じる対象としての作品を読み、その作家のこともひととおりのことは調べ上げ、そしてそれについてどんな先行研究があるのかをチェックしました。これで論文を書くための下準備は完了です。ここからはいよいよ、実際に論文を書く作業に入ります。

では、論文を書くにあたって、最初にすべきことは何かといいますと——あらすじの紹介です。

え？　あらすじ？　と思ったあなた！　あらすじを馬鹿にしてはいけません。

文学論文の読者は、必ずしも論者が論じようと思っている作品を読んでいるとはかぎりません。否、むしろ読んでいないほうが普通です。ですから、文学を論ずるとなったら、とりあえず当該作品がどういう筋書きなのかを説明する必要があります。これをするかしないかの選択肢はありませんので、何はともあれ、あらすじを紹介してください。上手にあらすじ紹介をするのって、けっこう大変ですよ！　過不足なく、また後で自分が論を進めていく際に必要となってくる要素を十分に残したまま作品のあらましを説明するのは至難の業。それを上手にやるのが「芸」というものです。

視点と下部構造

論じる対象が決まり、作品のあらすじも書き終わったら、いよいよ論述に突入です。

では論述を始めるにあたって、まず何を決めればいいかといいますと、それは「視点」です。

視点って、何？

そう思ったあなた！　あなたはたぶん、文学研究と、その先にある文学論文というものの本質を理解していないのだと思います。

おそらくあなたは、ある文学作品を読んですごくおもしろいと思ったので、それのどこがどうおもしろかったかを説明すれば、それがすなわち論文を書くことになるのだろうと思っていたのではないでしょうか。でも文学研究というのは、ある作品がおもしろかったかおもしろくなかったかを判定したり、その理由を挙げたりするものではありません。それをするのは文学評論。文学研究と文学評論は別物です。

では文学研究として、ある文学作品を論じるというのは具体的には何をすることかといえば、当該作品の「下部構造」を明らかにすること、です。

下部構造というのは、読んで字のごとく、文学作品の奥底のほうにひっそりと佇《たたず》んでいるものですから、表面的には見えません。その見えないものを見る、それが文学研究の神髄であって、それをするためにはどの方角／どの角度から透かして見るかが重要になってくる。その見る方角／角度が「視点」です。

視点が定まっていない論文というのは、塩味が決まらない料理のようなもので、ピンぼけしてしまって、何がいいたいのかわからない論文になりがち。ですから視点はビシッと決め、その視点を定めた時点で必然的に設定されるゴール（＝結論）に向かって真っすぐ、ブレずに進んでいくような論文を書くことを心掛けてください。なお、ある特定の視点から文学作品の下部構造を透かし見るとはどういうことかに関しては、この後、具体例を出しながら説明しますので、もう少々お待ちください。

アプローチの仕方

さて、視点が決まったら、それを取っ掛かりとして個々の作品にアプローチしていくことになるわけですが、そのアプローチの仕方に二つの選択肢があります。

一つは当該作品を単体で分析すること。これがいわゆる**「新批評的アプローチ」**です。この場合、まず何はともあれ分析対象の作品を精読することが大前提。作品の隅々、細かいところまで注意を払って読み、作者がその作品に込めたであろう解読のためのカギを探します。このカギは「シンボル」とも呼ばれ、そのため新批評的アプローチをする意図をもって文学作品の精読をすることは、時に「シンボル・ハンティング」と呼ばれることもあります。そして探し出したシンボルを元に、作品の下部構造を明らかにしていく――これが新批評的アプローチの戦術ということになります。

もう一つの選択肢は**「新歴史主義的アプローチ」**と呼ばれるもの。これは、ちょっと古い文学作品を論じる際によく使われる手法です。古い作品というのは、それが書かれた時代に戻したうえで考察すると、当時の状況を知らない現代の読者が見落としてしまうような下部構造が見えてくることがある。その下部構造を明らかにするのが、このアプローチの目標ということになります。今の当たり前は、昔の当たり前ではなかったし、その逆もまた真。このことに意識的になり、昔の作品の真の意味を掘り起こすこと――これがこのアプローチのおもしろさということになるでしょう。

ですから、文学作品を論じるとなれば、二種類のアプローチのどちらを選ぶかを決めなければなりません。ただし、現代では、文学論文の手法として前者はやや古く、後者のほうが今風であって歓迎される傾向にあることは承知しておきましょう。文学の嗜好なんて人それぞれですから、どういうふうに論じようが論者の勝手ですが、論文というのは読者あってのものでもあるので、どういうアプローチの論文が世間受けするかということも、一応は知っておくといいでしょう。

新批評的アプローチ

方針：個々の文学作品を時代背景や作者から切り離し、独立した芸術作品として分析・評価する。

方法：当該作品を微に入り細を穿つように精読し、細部に隠されたシンボルや伏線を回収しながら、その作品が読者に伝えようとしている真の意味を追究する。

利点：作者の伝記的事実や、時代背景を知る必要がないので、作品読解に集中できる。また解釈の要となるシンボルの特定において、論者のセンスを見せつけられる。

欠点：歴史的背景や作者の経歴などに触れないため、論が単調になりがち。ゆえに、有名作家による大長編作品やシリーズもの の分析・評価にはあまり適さない。また論者の力量によっては、凡庸な作品解釈に終わる可能性もある。

新歴史主義的アプローチ

方針：個々の文学作品を、それが書かれた当時の時代背景を踏まえて分析・評価する。

方法：当該作品を、それが書かれた当時の時代背景の中に戻してやることで、その作品が本来的に持っていた意味を掘り起こす。

利点：当該作品が書かれた当時の時代背景を含めて解釈するため、「新批評的アプローチ」による解釈では到達できないような深みのある新解釈を提示できる。

欠点：その作品が書かれた当時の時代背景や社会情勢、風俗・習慣などを広範かつ詳細に調べ上げなければならないので、分析・解釈を確立するまでに相当な労力と時間がかかる。

ヘミングウェイ「医師とその妻」を分析する

さて、ここまで文学をネタに論文を書くうえで、絶対に決めなければならないいくつかの選択肢について説明してきました。けれども、こういうことはやはり、具体的な例を見ないとわからないですよね。

ということで、文学作品を論じるとはどういうことか、例を挙げながら簡単に説明してみましょう。ここで例に挙げるのは、アメリカのノーベル文学賞受賞作家、アーネスト・ヘミングウェイ（Ernest Hemingway, 1899-1961）の傑作短編「医師とその妻」（"The Doctor and the Doctor's Wife," 1925）です。

ではさっそく、この短編のあらすじをご紹介していきましょう。そう、作品を論じる際、最初にあらすじを述べるのは必須なのでしたね。

本作の舞台はアメリカ北部の、とある湖の畔《ほとり》。冒頭、ディック・ボウルトンと息子のエディ、それにビリー・テイブショーという3人のアメリカ先住民が斧《おの》やノコギリなどの道具を持って登場します。この3人、湖畔に立つコテージの持ち主であるヘンリー医師に頼まれて、湖の岸に打ち上げられた材木を薪に割るよう、雇われていたんですね。そして3人が作業を始めたところで、ヘンリーが様子を見にコテージから出てくる。

そのヘンリーに対し、リーダー格のディックが、「お前さんの盗んだ材木はなかなか上等だよ」と声をかけます。実はこの丸太、とある材木会社が山から伐り出して湖上で筏《いかだ》を組み、それをタグボートで牽引して製材所まで運ぶ途中、筏から外れて流出したもので、理屈からいえば材木会社の紛失物。しかし、大手材木会社が紛失したわずか数本の丸太を回収しにやってくるとは到底思えないので、ヘンリーはそれを都合よく「流木」と解釈して私物化し、バレないうちに薪にしてしまおうとディックたちを雇っていたんです。そうしたヘンリーのちゃっかりしたやり口を、雇われ人であるディックが泥棒行為であるとほのめかしたのですから、ヘンリーとしてはおもしろくない。

そしてこのディックの挑発的なほのめかしがきっかけとなってヘンリーとディックの口論は次第に激化し、ヘンリーは怒りに任せて「お前の犬歯をたたき折ってくれるからな」と口走ってしまいます。そしてそれに対してディックは冷静に、そちらがやる気ならいつでも受けて立つぜ、という姿勢を示します。どうやらディックはヘンリーに対して若干思うところがあり、適当な機会があれば喧嘩をしてもいいくらいの気持ちを持っていたようなんですね。

かくして二人はしばしば睨《にら》み合いの状態になるのですが、哀しいことにヘンリーのほうは白人のインテリで、それまでの人生において殴り合いなどしたことがない。それに対してディックのほうは根っからの喧嘩好き、しかも雲衝《つ》く大男。どう見ても勝ち目がないと悟ったヘンリーは、屈辱的な敵前逃亡をすることを余儀なくされ、ディックたちが注視する中、回れ右をしてコテージの中に入ってしまう。それを見たディックとエディはアメリカ先住民の言葉で何やらつぶやき、親子仲良く笑います。おそらくはヘンリーのことを「いくじなし」などと呼んであざ笑ったのでしょう。ただ3人のアメリカ先住民のうち、ビリーだけが、ヘンリーとディックの口喧嘩がヒートアップしていく間、変な汗をかきながらそわそわしていたのが印象に残ります。

さて、喧嘩が尻すぼみのうちに終わってしまった後、薪を割る仕事がなくなったアメリカ先住民たちは、コテージの横を通って裏手に広がる森の中へ帰っていきます。帰りがけ、ディックはわざとコテージの門を開け放しにして出ていくのですが、しばらくしてビリーが戻ってきて、門を閉めます。

一方、不甲斐なく喧嘩から逃げたヘンリーが自室に戻ると、定期購読している医学雑誌が封も切らぬまま机の脇に山積みになっているのが目につく。まるで不勉強を非難されているかのように感じられ、ますます不快の念を強くした彼は、むしゃくしゃした気分を変えるべく、趣味のハンティングに使う猟銃の手入れを始めます。

手に馴染む愛用の猟銃を弄《もてあそ》んでいるうち、徐々に心が落ち着いてくるのを感じていたヘンリーでしたが、そのとき、隣の自室にいた妻が、部屋越しに彼に声をかけます。ヘンリーの妻は虚弱体質なのか、ブラインドを下ろして暗くした自室に籠もりがち、しかも精神療法（＝信仰心のみで病気を治す方法）を取り入れている新興宗教団体「クリスチャン・サイエンス」の熱心な信者で、同団体の機関誌や聖書を熟読しているという設定。

妻は夫の様子がどこかおかしいことを察し、「何かあったのですか？」と問いかけます。無論、それは今、ヘンリーが一番聞かれたくない質問なのであって、彼はいい加減にごまかそうとするのですが、はぐらかしを見透かした妻は、夫をさらに問い詰めます。そしてヘンリーがしぶしぶディックと喧嘩をしたことを伝えると、聖書の文言を引用しつつ、怒りに度を失った彼の愚を咎《とが》め始める。

そこでヘンリーは仕方なく、喧嘩の咎はディックの側にあったのだ、と言い訳します。少し前に彼は肺炎にかかったディックの妻を治療したことがあり、ディックはその治療費を労働で支払うために薪割りに来たのだけれども、タダ働きをするのが癪《しゃく》で、それでわざと自分に喧嘩をふっかけ、働かなくて済むようにしたのだと。

この説明を聞いて妻が沈黙したので、ヘンリーとしてはこれでこの件は済んだのだと思い、再び猟銃の手入れに没頭しようとします。しかしその刹那、再び妻が声をかけてくる。あなたの言うことは信じられない、ディックがわざとそんなことをするはずがない、と。

妻のこの言葉で我慢の限界に達したヘンリーは、銃の手入れを諦めて森に散歩に行くことにします。これ以上家の中にいれば、妻とも不愉快な言い合いになりそうだと判断したのでしょう。そして夫の外出の気配を察知した妻は、森で息子のニックを見かけたら、用があるのでコテージに戻るよう伝えておいてと頼みます。

森に入ったヘンリーは、息子のニックが木に背をもたせかけながら本を読んでいるのを見かけます。そこで妻に頼まれたとおり「母さんが呼んでいたよ」と伝言するのですが、ニックは「僕はお父さんと森の奥に行きたいよ」と答える。黒リスの巣のある所を知っているから、と。その答えに、ヘンリーは少し戸惑ったような様子を見せるのですが、やがて「では一緒に行こう」といい、ニックが読んでいた本を自分のポケットに仕舞ってしまって、二人は森の奥へと歩いて行く。

ここでこの短編は終わります。

精読による「新批評的アプローチ」

以上、「医師のその妻」のあらすじを紹介しましたが、どうでしたか？　まあ、あらすじだけ聞かされても、この作品の真のおもしろさはわからなかったかもしれませんね。

では、この短編を文学論として分析していきましょう。ここでは精読による新批評的アプローチを用います。分析の要となる「視点」は、「ヘンリー医師の男性性」とでもしておきましょうか。「男性性」などというと、何だか難しそうですが、要するに「男のプライド」ですね。

さて、視点をヘンリーの「プライド」に設定すると、この短編では冒頭からそれが脅かされていることがわかります。そう、ディックとの喧嘩です。

ヘンリーとディックを比べると、ヘンリーは白人の医師で雇い主、一方、ディックはアメリカ先住民の被雇用者。社会的身分からいえば、前者は後者を圧倒しています。しかし、それはあくまで社会的身分に関しての話であって、いざ喧嘩となれば、体格の面でも経験でも逆に後者が前者を圧倒している。しかもこの場合、丸太を材木会社から盗んでいるのはヘンリーで、それを指摘したのがディックなのですから、倫理的にもヘンリーはディックに対して分が悪い。結局、この二人の対決はディックの圧勝に終わり、ヘンリーは敗者としてすごすごとコテージに引き上げることになりました。

では敗者になってプライドが傷つけられたヘンリーが最初にやったことは何だったか。そう、猟銃の手入れです。研究者の前川利広さんが「Hemingway の描写のレトリック」という論文の中で指摘しているように、猟銃は無論、男性性の象徴であって、本作に登場するシンボルの一つであることはいうまでもありません（↑他の研究者の先行研究を援用した）。体格や喧嘩の経験で劣るヘンリーも、愛用の猟銃を使えばディックを亡き者にすることなどいともたやすい。ヘンリーがこの場面で猟銃を弄ぶのは、そうした空想をたくましくすることで、一度失墜した自身の男性性を回復しようとした試みだったんですね。

ところがそこへ妻の邪魔が入る。妻は夫がディックと諍《いさか》いを起こしたことの責任を一方的に夫に負わせた上、聖書の文言を引用しながら彼の人格を否定します。プライドを傷つけられた夫に配慮するどころか、そのことに気づく気配すら感じられない妻の言動もそうですが、そもそもヘンリーと妻が寝室を別にしているらしいことも含め、二人の夫婦関係がいかに冷え切っているかが窺えます。また、これは研究者の武藤脩二《しゅうじ》さんが指摘していることですが、妻が信仰心で病気を治すと称する新興宗教団体「クリスチャン・サイエンス」の信者であることは、夫の医師としての仕事を軽視していることを強調するためにヘミングウェイが意図的に仕組んだアイロニカルな設定でしょう（↑再び他の研究者の先行研究を援用した）。心の通い合わない妻になじられて、ヘンリーがたまらず家の外、森の中に逃げ出したこともむべなるかな、というところです。

そして森の中でヘンリーは息子のニックに出会う。

彼がニックに会ったとき、ニックの様子が非常に特徴的であったことに、みなさんはお気づきでしたでしょうか？　そう、彼は「木に背をもたせかけながら本を読んでい」たのでしたね。

すでに読者はヘンリーがアウトドア派の人であることを知っています。猟銃の手入れが好きである以上、彼の趣味がハンティングであることは明らかですから。また封を切っていない医学雑誌が医師の自室に山積みになっていることなど、彼が書斎派の人ではないことは諸所でほのめかされています。

一方、ヘンリーの妻のほうはというと、彼女は虚弱体質で部屋に籠もりがち、しかもクリスチャン・サイエンスの機関誌を愛読し、聖書の文言を縦横に引用して見せることなどから、完全な本の虫であることが窺えます。

ではニックは？

ニックがこの短編の中に登場したとき、彼は森の中にいて、木に背をもたせかけながら本を読んでいました。つまり父親似のアウトドア派なのか、それとも母親似の本の虫なのか、一見しただけではわからない描写になっていたわけです。換言すればニックが父親の味方なのか、それとも母親の味方なのか、まったく予想ができない。このシーンが意図的に仕組まれたサスペンスであることは明らかでしょう。無論、ここで「森／木」と「本」は、それぞれ本作を解読するための鍵、シンボルであることはいうまでもありません。

さて、そのどっちつかずのニックの様子を見たヘンリーは、しかしながら、どうせニックもまた、自分ではなく母親の味方になるのだろうと予測します。ディックとの喧嘩にせよ、先程の妻とのやりとりにせよ、今日一日、彼の神経を逆なでするような不愉快なことばかり起こっていましたから、どうせ息子も母親の味方、すなわち自分の敵になるだろうと、なかば諦めているんですね。

ところが「母さんが呼んでいたよ」という父親の声かけに対し、ニックは間髪をいれず、父親と一緒に森の奥に行きたいという希望を述べる。ハンティング好きの父親に黒リスの巣のある所を見せたいということで、息子は父親の味方であるという立場をはっきりと表明したわけです。これはヘンリーからすれば実に予想外の反応、そしてこれ以上ないほどに嬉しい反応だったはず。

「父」と「母」という二つの選択肢のうち、息子が何ら迷うことなく前者を選択したことで、息子との強い絆を確認したヘンリーは、自分の男性性（＝プライド）を回復することになります。しかし彼にはそんな僥倖《ぎょうこう》がまだ信じられない。だからこそ彼は急いでニックから本を取り上げ、自分のポケットに仕舞い込んだんですね。ニックから本を取り上げるヘンリーの行為は、彼が何かの拍子に母親似の性格を取り戻さないようにするための涙ぐましい小細工だったのであり、その意味で非常にシンボリックな行為だったんです。

「医師とその妻」の下部構造

さて、このように本作を精読して分析してくると、ヘミングウェイの「医師とその妻」という短編は、主人公のヘンリーが一度失いかけた男性性を再び取り戻すまでの一連の過程を描いた作品であり、しかもその男性性の回復は、妻との間で繰り広げられた「息子の争奪戦」に勝利したことで得られた、と結論づけることができるでしょう。またヘンリーは息子ニックから無条件の信頼を受けたことで、先に敵対したディック・ボウルトンとその息子エディとの間にある強い絆とほぼ同等のものを手に入れ、その点でも失地回復したことになります。

これがこの作品の下部構造です。そしてこの下部構造を認識したうえで本作の全体を見直すと、一人の中年男性の平凡な一日におけるちょっとした敗北と、ちょっとした勝利のドラマが見えてこないでしょうか。そして普通の人間の人生というのは、そうしたちょっとした敗北を、ちょっとした勝利が補ってくれるから、辛うじて前に進んでいけるのだということもわかってくる。これが人生というものであり、だからヘミングウェイは人生というものをこの作品の中で描いたのだといっていい。この作品がおもしろいとしたら、そこがおもしろいわけです。

とはいえ、ここまでに述べてきた一連の分析は、「ヘンリー医師の男性性」を視点とした場合のものであり、視点を変えればまた別な分析ができるはず。たとえば「ヘンリー医師と妻の関係」に焦点を絞り、これを視点にすることもできるでしょうし、「ヘンリー医師と息子ニックの関係」を視点にすることもできる。ヘミングウェイの他の作品も取り上げながら前者を発展させれば「ヘミングウェイ作品における女性観」という論文が書けそうですし、後者を発展させれば「ヘミングウェイ作品における『父─息子』関係」などという大論文だって書けそうです。また、私はこの短編を「ヘンリー医師」を主人公にした物語と認識していますが、ヘミングウェイ研究者の中には、カーロス・ベイカーのように、「この短編の主人公はニックである」と認識している人もいますので（↑自分とは異なる見解を持った研究者の紹介）、そうなると今度はニックを主人公とする視点からこの短編を分析することもできるでしょう。先に文学論文において「視点」の設定が重要であると述べましたが、それはこういう意味です。

以上、文学作品を新批評的アプローチで分析するとはどういうことかをごく簡単に例示してみましたが、いかがだったでしょうか。おもしろいと思われますか？　もしおもしろいと思われるのでしたら、（アメリカ）文学を論じる学術論文にチャレンジするのもいいかもしれませんね！

ところで、先にも述べたように、文学作品の分析法としては、新批評的アプローチの他にもう一つ、「新歴史主義的アプローチ」というやり方もあります。では、それはいったい、どんな感じの分析になるのか？　これについては、後続する「コーヒーブレイク10」の中で例示することにしますのでお楽しみに！

文学的「クイズ」

本章ではアメリカ文学を論ずるとは何ぞや？　というところからスタートし、その実践として、新批評的アプローチの「精読」という手法を使った作品分析の演習をしてみたわけですが、その応用として最後に一つ、新批評的アプローチならではのクイズを出してみましょうか。

この短編の中で、ヘンリーは妻にディックとの喧嘩の原因を問われた際、「少し前に肺炎にかかったディックの妻を治療したことがあり、ディックはその治療費を労働で支払うために薪割りに来たのだけれども、タダ働きをするのが癪で、それでわざと自分に喧嘩をふっかけ、働かなくて済むようにしたのだ」と説明し、それに対し妻は「それは嘘だ」と見抜きました。

私もヘンリーは嘘をついていると思います。しかし、それはゼロから作り上げた完全な嘘ではなく、本当にあった「ある真実」をほんの少しだけ歪めて、このような嘘をでっち上げたのだと思っています。では、その「ある真実」とは何か？

みなさんにはわかりますか？　あらすじをよく読めば、ヘンリーがどのような真実を元に嘘をついたか、わかるはずです。これについては後ほど、コーヒーブレイクの後に答え合わせをしますので、ちょっと考えてみてください。

コーヒーブレイク10　新歴史主義的アプローチ

本章では「補講」と題し、アメリカ文学を分析して論文に仕上げるための基本的なノウハウをお伝えしてきました。そしてその際、文学作品に対するアプローチの仕方には2種類あるといい、その内の一つである「新批評的アプローチ」について説明しました。ということで、ここではもう一つのアプローチの仕方、すなわち「新歴史主義的アプローチ」の具体例をご紹介したいと思います。

用いるのは私自身がこのアプローチの仕方で書いた文学論文。『ホールデンの肖像　ペーパーバックからみるアメリカの読書文化』という本に収録してある論文なのですが、文学作品をそれが書かれた当時の時代背景や社会的文脈の中に置き直してみると、現代の読者には見えづらくなってしまった下部構造が浮き上がってくる、という趣旨で書いたものですので、新歴史主義的アプローチの論文例としてはうってつけなのではないかと思います。それに、ここまで偉そうに論文の書き方を指南してきた著者の実力が、実際のところどの程度のものか、みなさんもちょっと知りたいのではないでしょうか。

ここで扱う文学作品は、今から100年以上も前のイギリスで発表された『シーク　灼熱の恋』という小説。以下、この小説を新歴史主義的アプローチで分析し、論じるところとなる、という一つの例をお示ししますので、お気軽にお楽しみください。また論文の末尾に注もつけていますので（文献目録は省略）、注のつけ方の一つの実例としても参考にしていただければと思います。

シークの時代：20世紀初頭の「砂漠捕囚ロマンス」

「シークもの」の原点

１９１９年、イギリスで一冊の画期的なロマンス小説が出版された。女性作家Ｅ・Ｍ・ハルが書いた『シーク 灼熱の恋』（*The Sheik*）[1]がそれである。サハラ砂漠に君臨するアラブ系部族のシーク（族長）、アーメド・ベン・ハッサンと、イギリス人貴族の令嬢ダイアナ・メイヤーとの数奇な恋物語を描き、「不毛の砂漠を燃えるような恋の舞台にふさわしい場所に変えた最初の小説」[2]ともいわれるこの作品は、まずイギリス国内の女性読者の間でセンセーションを巻き起こし、１９２１年にアメリカ版が発売されると、彼の地でも2年間にわたってベストセラー・リストに載り続け、さらに同年に封切られた映画版は、主演した俳優ルドルフ・ヴァレンティノの人気も手伝って世界中の女性を虜《とりこ》にすることとなった。そしてこの小説が提示した「砂漠の恋」のテーマは、その後、陸続《りくぞく》と現れた同工異曲のロマンス小説群に引き継がれ、今日「シークもの」（sheikh fantasy）、あるいは「砂漠捕囚もの」（desert fabula, sand book）といった名称で呼ばれるロマンス小説の一大サブ・ジャンルを形成するに至るのである。

では、当時としてもほぼ無名のマイナー作家が書いたこの小説は、いったいなぜ、ロマンス小説の主たる読者層である女性読者をそれほどまでに魅了し得たのであろうか？

『シーク』のストーリー

『シーク』という小説について論じる前に、そのストーリーを概略説明しておこう。

主人公ダイアナは、貴族の令嬢ながら乗馬や射撃に長《た》けた男勝《まさ》りの性格。生まれたときに母を産褥《さんじょく》で亡くし、父も母の後を追って自ら命を絶ったため、19歳年上の兄オーブリーの後見の下に育てられるが、自己中心的な兄とはそりが合わず、成年に達したことを機に初めて兄と別行動を取ることを決意、長年憧れてきたサハラ砂漠横断の冒険旅行に出る。

ところが旅の初日、雇ったガイドの裏切りもあって、彼女は砂漠の無法地帯に君臨するアラブ系部族のシーク、アーメド・ベン・ハッサンに誘拐され、激しい抵抗も虚しく凌辱されてしまう。ダイアナの持つ貴族の家名も、力のみが支配する砂漠の世界では何の役にも立たなかった。

そしてこれ以後、ダイアナは分厚い絨毯が敷き詰められた専用の幕屋で、召し使いにかしずかれながら日々を過ごすことになるのだが、東洋的な贅《ぜい》を尽くした生活も、実質的にシークの情婦であるという屈辱的な事実を少しも慰めるものではなかった。しかしアーメドと日々生活を共にしていく中で、彼の強靭な肉体はもとより、その容姿や物腰の美しさ、西欧的な知性と教養、砂漠の民を束ねるリーダーとしての資質、そしてほんの時折見せる優しさやユーモアなど、その数多い美点がダイアナの心を捉え始め、彼女は少しずつアーメドに惹かれていく。

そんな折、アーメドの親友でフランス人子爵のラウル・ド・サン・ユベールがアーメドの野営地を訪れる。アーメドはラウルとの2年ぶりの再会を喜ぶが、実はラウルの訪問には、アーメドがイギリス人貴族の令嬢を監禁していることを咎め、彼女を解放することをアーメドに促す目的もあった。しかしアーメドはこの親友の忠告に反発し、翌朝早く仕事にかこつけて野営を飛び出してしまう。

一方ダイアナは、アーメドの留守中、アーメド腹心のボディーガードと共に馬で野営地周辺の散策に出るが、そこで彼女はイブラヒム・オマールの一味に誘拐されてしまう。アーメドの一族とオマールの一族の間には領土をめぐって積年の対立関係があり、オマールはアーメドの愛妾を奪うことで彼を挑発し、もって戦争の火種とすべく、ダイアナの誘拐を企てたのだった。

野営に戻ったアーメドはダイアナの誘拐を知るや、彼女の奪還と惨殺された部下たちの復讐を誓い、配下の中から精鋭を集めてオマール一味の野営地を急襲。ダイアナを助け出し、敵に壊滅的な打撃を与えると共にオマールを自らの手で殺害するが、同時にオマールの部下による背後からの一撃を受け、瀕死の重傷を負ってしまう。

アーメドが生死の境をさまよっている間、ラウルはダイアナにアーメドの意外な過去を語る。それによると、アーメドはそもそもアラブ人ではなく、イギリス人貴族グレンカリル伯爵とスペイン人貴族の妻の間に生まれた純粋な白人貴族だった。しかし若き日のグレンカリル伯爵は酒乱で、アフリカのアルジェを旅行していたときに臨月近い妻を殴打、絶望した妻は家を飛び出し、狂乱状態で砂漠をさまよっていたところを先代のアーメド・ベン・ハッサンに助けられ、彼の庇護の下で子どもを産んだ後、亡くなったのだった。そしてつかの間ではあったが彼女のことを愛した先代は、生まれた子どもを我が子として育てることとしたのである。

かくして2代目アーメド・ベン・ハッサンは先代以上に卓越したシークとして成長するが、成年を機に自らの出自を聞かされ、自分の母親を死に至らしめたイギリス人に対する激しい憎悪の念を抱く。彼がダイアナを誘拐したのも、彼女がイギリス人貴族であることを知り、彼女を凌辱し、彼女の一族の家名に泥を塗ることが、母親の復讐につながると考えたからであった。しかし、彼はまた彼でいつしかダイアナを愛するようになり、復讐と愛の狭間で苦悩する。

そして怪我から回復したアーメドは、ダイアナを愛するがゆえに彼女を手放し、家族の元に返そうとするが、ダイアナはすでにアーメドと共に砂漠に暮らすことを決意していた。そしてダイアナの口からその心の内を聞かされたアーメドは、「お前は悪魔を夫にすることになるのだぞ」という言葉と共に、彼女を妻として受け入れることにしたのだった。

タブーへの免罪符

以上、『シーク』のあらすじを述べてきたが、これを見てもわかるように、この小説に関してまず印象的なのは、イギリス人貴族の令嬢をヒロインに、またアラブの族長をヒーローに据え、もって東西文化の衝突（と融合）を描いたことの目新しさだろう。

特にアラブ社会のしきたりやアラブ人の暮らしぶりなどについての情報が未だ新奇なものであった当時のイギリス社会に、架空の物語としてではあれ、それを紹介して見せたという点で、この小説が当時としてかなり斬新なものであったことは容易に想像がつく。

しかし、そのこと以上にこの小説が当時の読者、とりわけ女性読者に強烈なインパクトを与えたのは、ヒロインであるイギリス人貴族の令嬢がアラブ人の無法者に誘拐されて凌辱されるばかりか、そのまま彼の情婦にされてしまうという生々しいストーリー展開である。しかもその後、ヒロインのダイアナは誘拐者であるアラブ人のシークと結婚することがほのめかされるのだから、これは一種の人種混淆譚であり、そのこともまた、この小説が出版された1919年当時としてはかなりショッキングな結末だった。つまり『シーク』は、「暴力」と「人種混淆」という二つのタブーに触れた、かなり際どい小説でもあったのだ。

しかし、このような衝撃的な設定・筋書きにもかかわらず、この小説が広く受け入れられたのには、しかるべき理由があった。本作の作者ハルは、場合によっては問題視されかねない上記二つのタブーに、それぞれ「免罪符」を用意していたのである。

まず「暴力」の側面についていえば、たしかにこの小説は、一見するとアラブ人（＝

非アングロ・サクソン）のヒーローがイギリス人のヒロインに暴力を振るう物語に見える。しかしヒーローの暴力の背景には、彼の実の父親であるイギリス人貴族が、彼の母親であるスペイン人（ラテン系＝非アングロ・サクソン）女性に暴力を振るったことへの復讐という側面があって、「アングロ・サクソン」と「非アングロ・サクソン」の間の暴力の応酬として見れば、ある意味、釣り合いが取れているところがある。それゆえアーメドのダイアナに対する暴力も、（最終的に二人が結婚することも手伝って）幾分かは斟《しん》酌《しゃく》されるところがあるのだ。

さらに「人種混淆」という側面についていえば、当時の西欧社会におけるアラブ人の位置づけに目配りしておく必要がある。というのも第1次世界大戦の後、西欧人一般の人種に対する概念に若干の変化があり、従来の「白人種」と「黒人種」の二分法ではなく、「白人種」「褐色・黄色人種」「黒人種」の三分法を想定する傾向が生じていて、アラブ人などの褐色人種は、有色人種というよりはむしろ白人種に近いと考える人が増えていたからである。それゆえアラブ人の中でも飛び抜けて美しく、肉体的・経済的な力を有し、優秀なリーダーでもある人物として描かれるアーメドが、白人女性であるダイアナと結婚するという展開は、大多数の（女性）読者にとっては十分容認され得るものだった。[3]

しかもそのことに加え、アラブ人だと思われたヒーローが、実際にはイギリス人貴族の男性とスペイン人貴族の女性との間に生まれたれっきとした白人貴族であることを、小説の最後の部分で読者に示すことで、作者はこの人種混淆譚を完全に無害なものに変えてしまう。つまり『シーク』という小説は、あらかじめタブーへの免罪符を幾重にも組み込み、いわば安全弁を周到に準備したうえで、そうしたタブーに一瞬だけ触れるスリルを読者に味わわせるという、非常に巧妙な仕掛けを持っていたのだ。

そしてこれら免罪符つきのタブー要素を取り除いたうえで改めて『シーク』を見てみると、実はこの小説が意外なまでに伝統的なロマンスであることがわかる。

18世紀半ばに書かれ、しばしばロマンス小説の元祖とも目されるサミュエル・リチャードソンの『パミラ』から、19世紀のロマンス小説の代表作ともいえる『高慢と偏見』や『ジェイン・エア』、さらに数百冊ものロマンス小説を書き上げたという20世紀ロマンス小説界の女王、バーバラ・カートランドの諸作品や、今日のカテゴリー・ロマンスの型を作り上げたロマンス叢書「ハーレクイン・ロマンス」に至るまで、ロマンス小説という文学ジャンルには一定の条件がある。

①「ストーリーがヒロインの視点から語られる」

②「ヒロインは肉体的・経済的・社会的な力に勝るヒーローを内面的な（＝愛の）力で屈服させる」
③「ヒロインはヒーローとの結婚によって、経済的・身分的な地位の上昇を得る」

という3つの条件がそれで、これらの条件をすべて満たしていることが、伝統的なロマンス小説の証となる。

そして『シーク』に関していえば、このロマンスの3条件をほぼ完全に満たしていることは明らかだろう。その意味でこの小説は、スキャンダラスな見かけによらず、実は極めてオーソドックスなロマンス小説なのであって、そのことがこの小説の絶大な人気を支える要因の一つになっているのである。一般にロマンス小説の主たる読者層を構成する20歳代後半から40歳代の既婚女性[4]というのは、極めて保守的な読者層でもあるので、伝統的なロマンスの3条件を満たしていることは、案外重要な意味を持つのだ。

継続する人気と影響力

加えてこの種の砂漠捕囚ロマンスには、追従する同工異曲の作品群を生み出しやすい側面があった。ロマンス小説を執筆するうえで作者が最も苦労するのは、元々互いに何の感情も抱いていないヒロインとヒーローを、いかなる口実によって（二人の間に愛が芽生えるまで）結びつけておくか、というところなのだが、砂漠捕囚ロマンスではヒーローがヒロインを誘拐・監禁するという筋書きの中で、必然的に両者が長期間にわたって同居状態になるため、ロマンス小説執筆上の最大の難関が最初からクリアされてしまうのである。要するに砂漠捕囚ロマンスというのは、作者の側からすれば、意外に書きやすいものといっていい。[5]

　このように、一見すると斬新かつスリリングでありながら、それでいて昔ながらのロマンス小説ファンを満足させるオーソドックスさも併せ持ち、しかも作者サイドからいえば書きやすいということになれば、『シーク』の出版直後はもとより、その後似たような筋書きの砂漠捕囚ロマンスが連綿と書き継がれているのも、ある意味、当然だろう。

　たとえば『シーク』出版の50年後にあたる1969年、当時の人気ロマンス作家ヴァイオレット・ウィンズピアによって書かれた『ブルー・ジャスミン』(*Blue Jasmine*)という作品は、元々『シーク』へのオマージュとして書かれただけあって、主人公ローナ・モレルをダイアナに、またヒーローであるカシム・ベン・フセインをアーメドに置き換えれば、ほとんど『シーク』の筋書きそっくりといっていいものになっているし、元来イギリス上流階級に属する男女の恋を描くことを得意としたバーバラ・カートランドでさえ、砂漠捕囚ロマンスの人気に押されたのか、1976年に『砂漠に花ひらく恋』（*Passions in the Sand*）なるシークものを執筆して流行に棹差している。さらに21世紀の今日でさえ、ロマンス出版最大手たるハーレクイン社から「シークの虜（Surrender to the Sheikh）」シリーズや「砂漠の無法者（Desert Rogue）」シリーズ、あるいは「砂漠の悪党（Dark-Hearted Desert Men）」シリーズなど、砂漠の恋をテーマにしたロマンス・シリーズが陸続として出版され続けていることからも、この種のロマンスの人気が今なお少しも衰えていないことが窺える。

また『シーク』という小説がその後のロマンス小説のあり方に及ぼした影響についていえば、「ヒーロー像の変化」にも触れておかなければならない。というのも、この小説が「金髪・碧眼・中年の郷紳タイプ」というロマンス小説定番のヒーロー像を覆し、野獣的な美と力を備えた「アラブ／ラテン系・無法者タイプ」の若きヒーローという新たなヒーロー像を提示したことがきっかけとなり、砂漠捕囚ロマンス以外のロマンス小説においても、黒目・黒髪・褐色の肌をしたヒーローが盛んに登場するようになったため、今日ではむしろこのような容姿をしたヒーローが、現代ロマンス小説の典型的なヒーロー像として定着しているのだ。たとえば1980年代から1990年代にかけ、数百冊もの大衆向けロマンス小説の表紙を飾ったカリスマ・モデル、ファビオの容姿がまさに「アラブ/ラテン系・無法者タイプ」そのものであったことを見ても、『シーク』のヒーロー、アーメドの造形が、ロマンス小説のヒーロー像にいかに大きな影響を与えたかがわかるだろう。ロマンス小説を研究するパメラ・レジスは、『シーク』という作品の並外れた人気と射程の長い影響力をもって、この小説を現代ロマンス小説の源流であると見なし、これに「20世紀ロマンス小説の原型」(the ur-romance novel of the twentieth century) なる尊称を与えているが、[6]この大層な位置づけも、決して的外れなものではないのである。

ダイアナ・メイヤーのモデル

ところで20世紀初頭、1919年という時期に『シーク』のような砂漠捕囚ロマンスが書かれたことには、それ相応の理由があった。

たとえばその一つとして、第1次世界大戦時、オスマン帝国軍に対するアラブの反乱を支援したイギリス軍人、「アラビアのロレンス」ことT・E・ロレンスの影響が挙げられる。貴族の血を引くイギリス人将校が、アラブの民のリーダーとして戦うというイメージは、まさに『シーク』のアーメドそのものであり、両者の共通性を指摘する研究者は少なくない。

しかし、近年の『シーク』研究では、ヒーローであるアーメド・ベン・ハッサンのモデル探しよりも、むしろヒロインであるダイアナにモデルがあったことをトピックとして取り上げることのほうが多い。たとえばジュリア・ベティノッティとマリー＝フランソワーズ・トルーエルの論考などがその代表例だが、[7]この論考によれば、19世紀末、ジェイン・エリザベス・ディグビー（Jane Elizabeth Digby）なるイギリス人貴族の女性が、シリアのダマスカスでアラブ人のシークと結婚し、イギリス社会に衝撃的なゴシップを提供するということがあり、この有名なスキャンダルこそが『シーク』という小説にインスピレーションを与えたのではないか、というのだ。

実際、ジェインという女性の人生は、スキャンダルの名に十分値するものだった。まずその出自についていえば、ネルソン提督と共にトラファルガーの海戦を戦ったサー・ヘンリー・ディグビー提督を父に持ち、母方の祖父はレスター伯トーマス・コークという名門の出であることに加え、その美しさゆえに「オーロラ」の異名を持っていたというのだから、ゴシップの主人公として不足はない。しかも彼女の恋愛遍歴がまた華々しいもので、17歳のとき、後のエレンバラ伯にしてインド提督・海軍大臣のエドワード・ローと最初の結婚をしたのを皮切りに、その後、従兄のジョージ・アンソン、及びフェーリクス・シュワルツェンバーグとの浮気を理由に離縁されるや、ミュンヘンに行ってバヴァリア国王ルートヴィヒ1世の愛人となったかと思うと、同じくバヴァリアのカール・フォン・フェニンゲン男爵と再婚。さらにギリシャのスピリドン・テオトキス伯爵と恋に落ち、男爵と伯爵の決闘とあいなるも、この勝負に負けたテオトキス伯爵と再々婚してギリシャへ移住。そのギリシャで今度はかつての愛人であったルートヴィヒ1世の息子でギリシャ国王となっていたオットーとも愛人関係となり、さらにはアルバニアの某将軍とも恋に落ちたというのだから、「恋多き」などという形容詞ではとても追いつかないほどの女性だったことがわかる。

しかしジェインの恋愛遍歴にはまだ続きがあった。46歳のとき、彼女は中東への旅に出て、そこで彼女より20歳も若いシリアのシーク、メジュエル・エル・メズラブと恋に落ち、やがて彼と結婚してジェイン・エリザベス・ディグビー・エル・メズラブとなるのである。何しろそれまでの彼女の数々のスキャンダルとは異なり、今回はアラブ人男性との結婚であっただけに、このジェインの決断がイギリス社交界にもたらした衝撃は非常に大きかった。だが、長続きしないだろうとの大方の予想とは裏腹に、1年の半分を砂漠に張った山羊革のテントで過ごし、残りの半分はダマスカスに建てた豪華な宮殿で暮らすというライフスタイルが案外性に合ったらしく、ジェインは以後亡くなるまでの28年間、このシークと仲睦まじく暮らしたという。[8]そしてこの美しく高貴なイギリス人女性が人生の最後にたどりついた熱い砂漠の禁断の恋は、当時のイギリスのマスコミによって盛んに取り上げられ、その報道はイギリス中の女性たちの眉を顰《ひそ》めさせると共に、密かな羨望の念を掻き立てたのである。

ヴィクトリア朝末期、女性は荒野を目指す

このように、イギリス人貴族の女性がアラブ人のシークの妻になるという現実の出来事、それも当時として決して遠くない過去に生じた出来事が、小説『シーク』のインスピレーションになったのではないかと考えることは、それを確認する術《すべ》がないにしても、なかなか魅力的な着想ではある。

そしてこの着想をさらに捨てがたいものにするのは、この時期、ジェイン・ディグビー以外にも荒野を目指して旅に出たイギリス人女性が何人もいた、という事実である。具体的に名前を挙げるならば、同じ貴族の出では１８７０年代からアラビア及び中東を旅し、アラブ馬をイギリスに輸入することに貢献のあったレディ・アン・ブラントがいるし、ナイル川水源の発見者にして『アラビアン・ナイト』の翻訳者として

も知られるサー・リチャード・フランシス・バートンの妻、イザベル・バートンもまた、夫と共にシリアやパレスティナ、エジプトなどを旅し、そこでの経験を元に『シリア、パレスティナ、及び聖地エルサレム探訪』（*The Inner Life of Syria, Palestine, and the Holy Land: from my private journal*, 1875）や『アラビア・エジプト・インド旅行記』（*Arabia, Egypt, India: a narrative of travel*, 1879）などの旅行記を書いている。さらにメアリー・キングズレーという女性冒険家・作家は、当時、宣教師の妻や政府関係者以外、非アフリカ人の女性がほとんど足を踏み入れたことのないような西アフリカの未開の地を一人で冒険して回り、そこでの経験を『西アフリカ紀行』（*Travels in West Africa*, 1897）という著書にまとめ、この本は当時のベストセラーとなった。ちなみに最後に挙げたメアリー・キングズレーは、当時のマスコミから「新女性」（New Woman）なる呼称を与えられ、いわば当時の「新人類」としての扱いを受けていたようだが、そのことが逆照射しているように、女性に淑やかさが求められ、家を守ることが婦徳とされたヴィクトリア朝時代も末期に至った頃、そうした伝統的な女性像とは対極にある「荒野を目指す女性」が一種の流行、時代のキーワードとなっていたのである。[9]

逃避する女性たち

これらのヴィクトリア朝末期の女性旅行者について考察し、『旅する未婚女性：ヴィクトリア時代の女性探検家たち』（*Spinsters Abroad: Victorian Lady Explorers*, 1989）を著したディア・バーケットは、「ヴィクトリア朝の旅する女性たちは、旅を家庭的なるものと対立する何か、また男らしさ・女らしさという考え方と対立する何かに変えてしまった」と指摘している。[10] つまり「男は外へ出て外国を征服し、女は家に留まって家庭を守る」というヴィクトリア朝の通念を、当時の女性冒険家たちは打破したというのだ。あるいは、打破しようとして打破したのではなく、むしろメアリー・ゴードンが「賛美される男と認知されない女」（"Good boys and dead girls," 1991）なる論考の中で指摘するように、そうした通念を育んだ父権制社会を嫌い、そこから逃避するために、女性たちは荒野を目指す旅に出たといったほうがいいかもしれない。[11]

そして「逃避」という観点から『シーク』を見直せば、この小説には女性にまつわる「逃避」のテーマが幾重にも内包されていることがわかるだろう。たとえばダイアナが砂漠を旅しようと決意したのも、元はといえば後見人であった兄の束縛から逃れるためであったし、アーメドに監禁されてからは、彼の野営からの脱出を何度も試みている。さらにそのアーメドの実の母であるスペイン人貴族の女性もまた、夫からの暴力を逃れて砂漠をさまよったのであった。

つまり、『シーク』という小説の中で、ヒロインをはじめとする女性たちが危険を承知で砂漠に向かうのは、決して偶然ではないのである。それは女性を物理的・精神的に「家」の中に束縛しようとするヴィクトリア朝的な父権制社会のあり方への反発であり、またそうした社会の息苦しさを逃れ、自由を手に入れるために、どうしても冒さなければならないリスクだったのだ。その意味で砂漠捕囚ロマンスは、ヒロインが誰かに誘拐され束縛される物語ではなく、むしろヒロインが束縛から逃れる物語として読むべきものだったのである。

そしてまた、そうであるからこそ、ヒロインと同じように父権制社会の束縛を感じていた無数の女性読者たちは、自分たちの思いを代弁するかのようなダイアナの冒険を称え、その冒険の果て、彼女がアーメドというすばらしい伴侶を勝ち得たことに喝采したのだ。換言すれば、個々の女性読者は、ダイアナという魅力的なキャラクターに自己投影することで、ヒロインが体験する波乱万丈の逃避物語の中に没入し、それによって自らの逃避願望をも（代理的に）満足させていたのである。『シーク』という小説が、とりわけ女性読者の間で絶大な人気を誇った理由は、まさにここにある。

『シーク』という「逃避の物語」は、「物語への逃避」という、父権制社会の重圧に対する恰好の解毒剤を生み出したのである。

「逃避文学」としてのロマンス

ただ、ここで一つ問題となるのは、『シーク』に代表される砂漠捕囚ロマンスの流行以降、ロマンス小説なるものが、それを読む女性読者の「逃避願望」とセットで語られるようになっていくことである。ロマンス小説のヒロインに自己投影し、彼女の冒険や恋の行方に一喜一憂することで、読者自身が抱えた現実社会への不満や不安から一時的にでも逃避するという女性読者特有の読み方が、砂漠捕囚ロマンスはもとより、ロマンス小説全般の読み方として定着してしまうのだ。[12]

無論そのことは、今日においても父権制社会の名残が女性を束縛し続けていることの証左なのであって、ロマンス小説自体に問題があるわけではない。だがそれにしても、世の女性たちをして過酷な現実から目を背けさせ、つかの間、空想世界に心を遊ばせる、そんな「逃避」としての読書が、はたして本の読み方として健全なものであるのかどうか。現代においてロマンス小説という文学ジャンルが批判に晒されるのは、常にこの点である。そして「逃避文学」というほとんど汚名に近いレッテルを貼られてしまったロマンス小説は、未だそのレッテルを撥《は》ね退《の》けるだけの反論を用意していない。
父権制社会のしがらみを逃れるヒロインの冒険譚を描き、「砂漠」という言葉を「自由」という言葉と同義にしてみせた世紀の砂漠捕囚ロマンス『シーク』は、その絶大な人気と引き換えに、世の女性たちの逃避願望というやっかいなパンドラの函《はこ》を、開けてしまったのである。

注

1 Edith Maude Hull, *The Sheik*（1919, rpt., 1996）, Virago.

2 Julia Bettinotti & Marie-Françoise Truel, "Lust and Dust: Desert Fabula in Romances and Media," *PARA・DOXA* : *Studies in World Literary Genres*, Vol. 3., No.1-2（1997）, p.185.

3 本作における人種問題、及び西洋社会から見たアラブ人観については、Susan L. Blake, "What 'Race' Is the Sheik?: Rereading A Desert Romance," *Doubled Plots: Romance and History*, UP of Mississippi（2003）, pp.67-85 を参照せよ。

4 ロマンス小説の愛読者の年齢層を推定する資料は各種あるが、ここではJoseph McAleer, *Passion's Fortune: The Story of Mills & Boon*, Oxford UP（1999）, p.133 に上

げられた数字を引用した。

5　この点についてEmily A. Haddad, “Bound To Love: Captivity in Harlequin Sheikh Novels,” in *Empowerment versus Oppression: Twenty First Century Views of Popular Romance Novels*, Cambridge Scholars Publishing, (2007), p.42から示唆を受けた。

6　Pamela Regis, *A Natural History of the Romance Novel*, U of Pennsylvania P., (2003), p.115.

7　Julia Bettinotti & Marie-Françoice Truel, “Lust and Dust,” pp.186-187.

8　ここに記したJane Digbyの半生については、Wikipediaの記述を参照した。

9　これらヴィクトリア朝の女性探検家の経歴についてはJulia Bettinotti & Marie-Françoice Truel, “Lust and Dust,” p.188及びWikipediaの情報を参照した。

10　Julia Bettinotti & Marie-Françoice Truel, “Lust and Dust,” p.191. 原文は“(T)he status of unmarried Victorian women travelling alone transforms travel into the antithesis not only of domesticity but of heterosexual relationship as well.”

11　Julia Bettinotti & Marie-Françoice Truel, “Lust and Dust,” p.191.

12　「逃避的行動（escapism）」という言葉の誕生と共に、「逃避的読書」ということがイギリスで問題視され始めるのは１９３０年代あたりから。この点についてはJay

Dixon, *The Romance Fiction of Mills & Boon, 1909-1990s*, UCL Press (1999), p.17を見よ。

以上、新歴史主義的アプローチで文学作品を論ずるとこうなる、という一つの実例をお示ししてきたわけですが、いかがでしたでしょうか？　おもしろかったですか？

まあ、おもしろかったかどうかは別として、「表面的には見えない物語の下部構造を見抜く」という文学研究のあり方の一例にはなっていると思いますので、なるほど文学研究というのはこういうものか、ということだけはご理解いただけたのではないかと思います。もしこれをお読みになって、文学研究というものに興味を持たれる方が一人でもいらっしゃれば、わざわざ拙論を晒した甲斐があったというもの。後は「文学作品を論じる論文を書いてみよう！」と思う方が一人でも現れることを祈るのみです。

答え合わせ

さて、最後になりますが、ここで先ほど、本章の中で出しておいた文学的クイズの答え合わせをしておきましょう。ヘミングウェイの短編「医師とその妻」の中で、主人公のヘンリーが、ある真実を元に嘘をついているが、それはどのような真実で、彼はそれをどのように歪めたのか？　というクイズでしたね。

このクイズの答え、わかりましたか？

では、以下、解答編と参りましょう。

ヘンリーは、妻からディック・ボウルトンとの喧嘩の理由を問われた際、ディックが自分の妻の治療費を薪割りの労賃で支払うのが癪で、それで自分にわざと喧嘩をふっかけたのだと説明しましたが、これは妻が見破ったとおり、嘘でしょう。それは真実ではない。

では、真実はどうだったのか。

おそらく、ディックではなく、ディックと共に薪割りに来たビリー・テイブショーの妻が肺炎に罹り、ヘンリーの世話になったというのが本当のところだと思います。ビリーはヘンリーとディックが喧嘩を始めたとき、妙にそわそわしながら二人の様子を窺っており、またディックたちと森へ帰るとき、ディックが開け放しにした門をわざわざ後で閉めに戻っていましたよね？　こうしたビリーの一連の特異な行動の理由を推し量るとすれば、「彼にはヘンリーを怒らせたくない何かしらの理由があったから」と考えるのが合理的です。では、なぜ彼はヘンリーを怒らせたくなかったのかといえば、妻の肺炎を治してもらったことで彼に恩があるからだと推測するのが自然でしょう。そういう事情が背後にあったからこそ、ビリーはディックとヘンリーの喧嘩の巻き添えを食い、医師の不興を買うことを避けたかったに違いない。肺炎は重篤な病気ですし、まだこの先も彼の妻がヘンリーの世話になる可能性はあるでしょうからね。

このように、病気の治療代を労働で支払うというのは、おそらく、ヘンリーとビリーの間に成立していた関係であったと思われるわけですが、妻からディックとの喧嘩の理由を問われた際、ヘンリーとしてはディックを悪者に仕立てたいという意図があった。そこでヘンリーは、彼とビリーとの間にあった貸し借り関係を、彼とディックとの間にあったものであるかのようにすり替えて、ディックには自分に喧嘩を売るだけの（卑劣な）理由があった、という嘘をついたわけ。ヘンリーは、日頃から嘘をつく人のようには描かれておらず、ディックとの喧嘩の理由を瞬時にでっち上げられるほど器用な人にも見えません。にもかかわらず、彼が妻に向かってディックとの喧嘩の理由をスラスラと答えられたのは、今述べたようなすり替え操作があったからとみてまず間違いないでしょう。

もっとも、ヘンリーの妻はその程度の嘘に騙される人ではありません。そこがまた悲しいところなのですが、彼の妻は夫の嘘を瞬時に見抜くほど聡明であると同時に、夫の嘘を敢えて見過ごす腹芸ができるほどには聡明ではないんです。だから夫から嘘を聞かされれば、「今のは嘘だ」と言ってさらに夫を追い詰めてしまう。その結果ヘンリーは、喧嘩に負けたことのみならず、嘘をついてまでディックを落としめようとした自分の卑劣さまで自覚させられてしまった。となれば、そのことが一層、ヘンリーの気分を重くしたであろうことは想像に難くありません。妻に嘘を見抜かれた途端、彼がどうにもいたたまれなくなって外出の意思を固めたのは、このような事情があったから、なんですね。

ヘミングウェイという作家のすごいところは、こうした人間の複雑な心の綾《あや》を、直接言葉で言い表すのではなく、言外というか、行間で描写することに長けているところです。

ヘミングウェイというと、形容詞や副詞を切り詰めた「ハードボイルドな文体」がしばしば賛美されますが、私が思うに、彼の文体は単に無駄が少ないのではなく、逆に情報量が多過ぎるのであって、そのことこそ褒められるべきではないかと。これほど少なく書いて多くを語ることができる作家というのは、他に思いつきません。まさに「ヘミングウェイ無双」というべきでしょう。

さて、読者のみなさんは、そんなヘミングウェイ無双の短編の綾をすべて見抜くことができたでしょうか。もしできたという方がいらっしゃるならば、あなたには間違いなく文学者としての才能があります。一度アメリカ文学を題材にして論文を書くことを検討されてはいかがでしょうか。アメリカ文学者の一人として、あなたの才能の開花に期待しています。

おわりに

大学でアメリカ文学・文化を講じつつ、そうしたテーマについて卒論を書く学生の面倒を見続けて幾星霜《いくせいそう》。そこで培《つちか》った論文指導のノウハウをまとめ、『アメリカをネタに卒論を書こう！』なる本を出したのも、もはや十数年前のこととなった。この本は今でも毎年、ゼミ生の卒論指導の際に使用しており、他大学に勤める同業者からも好評を得て、これまで何度か増刷している。が、いかんせん所属大学の出版会から出したため、この本を買えるのは所属大学の生協とネット書店のアマゾンを通じてのみ。基本的には学内需要を満たすためだけの本になっていた。

そんな状況下、本書の在庫管理をしている附属図書館より、この本の残部が少なくなったという連絡を受けた。このままではあと一年か二年で底を突く。とはいえ、私も数年後には定年を迎える立場。今この本を増刷しても学内需要だけで使い切る当てはなし、さりとて業界内では好評のこの本をそのまま絶版にしてしまうのはいかにも惜しい。さてどうしたものか、と思案しているうちに、いっそ本書の新版を作り、商業出版を目指してはどうかと、そんな悪だくみを思いついた。

そうなれば善は急げ。初版出版以来十数年の間に若干古くなっていた情報を改める作業に取り掛かった。また私自身もこのところ論文執筆の際に大いに活用するようになった「ＡＩ」の使い方を盛り込むなど、できるかぎり情報のアップデートにも努めた。さらに「(アメリカ)文学の論じ方」を補講としてつけ加えたのも、新版ならではの新機軸。トータルとして、少なくとも文系論文の書き方指南書としては、そこそこのものになったのではないかといったら自画自賛の誹《そし》りを受けるだろうか。

しかし、「はじめに」でも述べたように、本書の狙いは論文の書き方を指南することだけではない。それは狙いの半分に過ぎず、残りの半分はアメリカ文化のおもしろさを知ってもらうことにある。私のゼミ生たちの卒論の中に映し出されたアメリカ文化の諸相、それを読者のみなさんに味わっていただくことこそ本書の裏テーマなのだ。

昨今、学生と接している中で、否が応でも気づかされるのは、彼らが外国の文化、とりわけアメリカ文化に対する興味をまったくといっていいほど失しているということである。子どもの時分、『ララミー牧場』や『ベン・ケーシー』、『コンバット!』や『アイ・ラブ・ルーシー』、『わんぱくフリッパー』や『奥さまは魔女』、『刑事コロンボ』や『600万ドルの男』など、日本でも放送されていたアメリカのテレビドラマを見て彼の国に強烈な憧れを抱き、それがそのまま今の職業につながった昭和後期生まれの私からすると隔世の感があるが、それにしても太平洋を挟んだ隣国であり、少なくとも政治・経済の面では依然として我が国と関わりの深いアメリカの文化について、何も知らない、興味もない、というのではいかにも寂しい。実際、アメリカの文化というのは、知れば知るほどおもしろいものなのだ。そんなアメリカ文化のほんの一端でも、この本を通じてお伝えできればという著者の願いが、この本には詰め込まれている。余計なお世話かもしれないが、アメリカなんて興味ないという若い人にこそ、一読を乞いたいと思う。

さて、小著といえども本書が形になるまでにはさまざまな方々のお世話になった。

本書に関してまず私がお礼をいわなくてはならないのは、何といってもこれまで私のゼミに所属した数多くのゼミ生たちに対してである。実際、本書の内容は、彼ら／彼女らが書いた卒論に拠るところが大きい。本書がこの世に存在しているのは、ひとえに、歴代ゼミ生たちの卒論作成にかかわったときの苦しくも愉快な思い出のおかげなのである。ゼミ生諸君、本当にありがとう。

またこの本が装いを新たに、新書判として世に出ることができたのは、講談社の佐藤慶一さんのお陰である。この本を伝統ある講談社現代新書の一冊として世に問うという筆者の野望を良しとし、旧著の内容を大幅にブラッシュアップすべく、さまざまなアドバイスをご提案くださったことに対しては感謝してもしきれない。どうもありがとうございました。

　そしてもうお一人、私がどうしてもお礼を言わなくてはならないのは、高名なディケンズ研究者にしてイギリス文化マニアたる愛知教育大学名誉教授・久田晴則先生である。

　何を隠そう、今を去ること33年前、私を愛知教育大学助手として採用してくださったのが久田先生であった。また当時アメリカ文学研究一辺倒であった駆け出し研究者の私に、文化研究のおもしろさを飽かずに語り、何とかそちらの方向に私を引き込もうとされたのも久田先生であった。私が今、文化研究的な視点からアメリカ文学を研究しているのも、本を正せば久田先生の策略にまんまと引っかかってしまったからであるが、私はそのことを恨むどころか、今、こうして楽しくアメリカ文学研究／文化研究が続けられているのも、久田先生のお陰であると心の底から思っている。

　だから本書は、久田晴則先生に捧げます。先生、今までありがとうございました。そして今後ともご指導・ご鞭撻のほど、よろしくお願いいたします。

令和7年2月1日　　尾崎　俊介

参考文献

この本の中で内容を紹介した論文に関し、その著者名とタイトルを記しておきます。これらはすべて愛知教育大学・教育学部・国際文化コース・英米文化選修（２００３年度からは欧米文化履修モデル）の卒業論文として提出・受理されたものです。

第１章

松山忠樹「Censorship for Rock Music」
岩村志穂「The Right to Die：安楽死・尊厳死問題から見るアメリカ社会」
板東麻衣「Wombs for Rent：アメリカの代理母出産制度を探る」

コーヒーブレイク１

浅田好美「Affirmative Action and Reverse Discrimination: Bakke vs. University of California Regents」
廣瀬尚子「アメリカ社会におけるカジノ：賭博にかける部族再生の道」

第2章
酒井美由紀「アメリカ社会におけるバスケットボールの誕生と発展」
コーヒーブレイク2
岩崎江美「The Success of an Educational Program: *Sesame Street* in the United States and Japan」
コーヒーブレイク3
望月綾子「アメリカ田園墓地運動とその変遷」
第4章
犬塚友美「メキシコ系不法移民問題：2つに分断されるアメリカ」
コーヒーブレイク4
唐澤枝梨加「コカ・コーラから見るアメリカ」

石黒奈保「進化論裁判から見るアメリカの『保守』」

第5章

神野夕紀子「Lacrosse and Its Uniform」
安藤裕子「アメリカにおけるチア・リーディング：誕生から現在に至るまでの軌跡」
伊藤 耕「『知』と『知』を結ぶシステム：集合知思想の発展とウェブ社会」
土田佳代「アメリカ陪審制度事情：陪審制度から見るアメリカ社会」

コーヒーブレイク5

安藤円子「Barbie Dolls in American Society」

第6章

西川奈美「アメリカにおける教育の動向：ホームスクールという選択肢」

コーヒーブレイク6

伊藤友美「アメリカのゲーテッド・コミュニティ：増加する排他的要塞住宅地」

コーヒーブレイク7
伊藤育子「Obesity in the United States」

第8章
二ノ宮恭子「*VOGUE* as Fashion Photography」
藤倉 亮「Marihuana: a Promising Drug」
安藤麻衣子「揺れるアメリカ：先進国アメリカと死刑制度」

コーヒーブレイク8
内田莉沙子「ディズニーと戦争」

コーヒーブレイク9
伊藤 耕「ロック・スターとアメリカ社会の変容」

コーヒーブレイク10

尾崎俊介「シークの時代：二十世紀初頭の「砂漠捕囚ロマンス」」『ホールデンの肖像』（新宿書房、2014年）所収。

N.D.C. 816　285p　18cm
ISBN978-4-06-538603-3

講談社現代新書　2769

ゼロから始《はじ》める　無敵《むてき》のレポート・論文術《ろんぶんじゅつ》

二〇二五年三月二〇日第一刷発行

著　者　尾崎俊介《おざきしゅんすけ》　

発行者　篠木和久
発行所　株式会社講談社
東京都文京区音羽二丁目一二—二一　郵便番号一一二—八〇〇一
電　話　〇三—五三九五—三五二一　編集（現代新書）
〇三—五三九五—五八一七　販売
〇三—五三九五—三六一五　業務
装幀者　中島英樹／中島デザイン
印刷所　株式会社新藤慶昌堂
製本所　株式会社国宝社
定価はカバーに表示してあります　Printed in Japan

「講談社現代新書」の刊行にあたって

教養は万人が身をもって養い創造すべきものであって、一部の専門家の占有物として、ただ一方的に人々の手もとに配布され伝達されうるものではありません。

しかし、不幸にしてわが国の現状では、教養の重要な養いとなるべき書物は、ほとんど講壇からの天下りや単なる解説に終始し、知識技術を真剣に希求する青少年・学生・一般民衆の根本的な疑問や興味は、けっして十分に答えられ、解きほぐされ、手引きされることがありません。万人の内奥から発した真正の教養への芽ばえが、こうして放置され、むなしく滅びさる運命にゆだねられているのです。

このことは、中・高校だけで教育をおわる人々の成長をはばんでいるだけでなく、大学に進んだり、インテリと目されたりする人々の精神力の健康さえもむしばみ、わが国の文化の実質をまことに脆弱なものにしています。単なる博識以上の根強い思索力・判断力、および確かな技術にささえられた教養を必要とする日本の将来にとって、これは真剣に憂慮されなければならない事態であるといわなければなりません。

わたしたちの「講談社現代新書」は、この事態の克服を意図して計画されたものです。これによってわたしたちは、講壇からの天下りでもなく、単なる解説書でもない、もっぱら万人の魂に生ずる初発的かつ根本的な問題をとらえ、掘り起こし、手引きし、しかも最新の知識への展望を万人に確立させる書物を、新しく世の中に送り出したいと念願しています。

わたしたちは、創業以来民衆を対象とする啓蒙の仕事に専心してきた講談社にとって、これこそもっともふさわしい課題であり、伝統ある出版社としての義務でもあると考えているのです。

一九六四年四月　野間省一